KB119804

생각의
쓰임

생각의 쓰임

초판 1쇄 발행 2021년 4월 8일 **초판 5쇄 발행** 2024년 9월 19일

지은이 생각노트
펴낸이 최순영

출판2 본부장 박태근
W&G 팀장 류혜정
디자인 윤정아

펴낸곳 ㈜위즈덤하우스 **출판등록** 2000년 5월 23일 제13-1071호
주소 서울특별시 마포구 양화로 19 합정오피스빌딩 17층
전화 02) 2179-5600 **홈페이지** www.wisdomhouse.co.kr

ⓒ 생각노트, 2021

ISBN 979-11-91425-76-5 03320

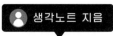
생각노트 지음

생각의
쓰임 (think note)

사소한 일상도
콘텐츠로 만드는
마케터의 감각

위즈덤하우스

생각이 쓰이는
지적인 놀이터로 초대합니다

2016년 5월, '생각노트'를 시작했다. 생각노트에 마케터로서의 관심사를 보고 듣고 관찰해 관점을 담은 생각으로 만들어 기록했다.

  생각, 기록, 공유

이 세 가지에 집중해왔다. 건강하고 단단한 생각을 떠올리기 위해 루틴을 만들어 습득했다. 책, 신문, 잡지, 팟캐스트, 넷플릭스를 가까이 두고 떠올린 생각을 빠짐없이 기록했다. 그 뒤, 기록된 생각을 콘텐츠로 만들어 블로그, 인스타그램, 페이스북, 트위터, 퍼블리에 나눴다.

생각을 기록하고 공유하는 데에 충실했던 시간은 평생 경험하지 못했을 것들을 경험하게 만들었다. 2018년, 콘텐츠 플랫폼 '퍼블리'에서 《도쿄의 디테일》 디지털 리포트를 펀딩해 1,200%라는 아직도 믿기지 않는 숫자를 경험했다. 이후 《도쿄의 디테일》은 종이책으로도 나와 좋은 반응을 얻었다. 1년 뒤에는 속편으로 《교토의 디테일》이 디지털 리포트와 책으로 나왔다. 죽기 전에 책 한 권 내보고 싶다는 꿈이 어릴 적부터 있었는데, 두 권의 책을 쓰며 꿈을 이뤘다.

게다가 콜라보레이션 제안 메일도 받기 시작했다. 관심 있게 보고 있는 브랜드에서 먼저 연락이 오기도 했다. 익명으로 활동하고 있는 내게 일자리를 제안하는 잡 오퍼Job Offer 메일을 보내준 브랜드도 있었다. 무엇보다 가장 감사한 일은, 나의 생각에 귀 기울여주는 구독자가 생겼다는 것이다. 여러 채널을 합치면 무려 10만 명이 넘는 고마운 분들이다.

가끔 그런 생각을 해본다. '내가 만약 5년 전에 생각노트를 시작하지 않았다면 지금의 나는 어땠을까?'라고. 아마 5년간 생각노트로 이뤘던 모든 것들은 없었을 것이다. 회사를 열심히 다니고 있었을 것이고, 회사 생활이 내 생활의 전부였을 것이다. 쌓이는 연차 앞에서 잘 성장하고 있는지 의문을 던지면서 한없이 작아지고 있었을 나의 모습이 떠오른다.

생각노트를 시작한 덕분에 과거와 다른 내가 될 수 있었다. 회사 생활에 지쳐 잃어가고 있던 나의 모습을 다시 찾았고, 나의 생각과 관점을 눈치보지 않고 자유롭게 말할 수 있게 됐다. '사람들이 찾아보는' 채널이 되기 위해 생각을 기록으로, 기록을 콘텐츠로 만드는 과정을 고민하며 기획력을 길렀다. 독자의 반응과 피드백을 보면서 대중적 감각을 놓치지 않기 위해 노력하는 마케터이자 기획자가 될 수 있었다. 매사에 궁금증을 가지고, 이를 해결하기 위해 나만의 논리를 만들며 관점을 키울 수 있었다.

결국 <생각노트>는 내게 있어서 최고의 자기계발인 셈이었다.

한 기업의 인사 담당자 인터뷰에서 흥미로운 내용을 발견한 적이 있었다. 자신은 '블로그'를 하는 지원자라면 반드시 눈여겨본다는 것이었다. 왜 그러냐는 질문에 인사 담당자는 생각 연습을 한다는 점에서, 자신의 생각을 글로 정리할 줄 안다는 점에서, 꾸준하게 뭔가를 한다는 점에서, 다른 사람들과 소통을 해본 경험이 있다는 점에서 블로그 하는 지원자를 가장 높은 우선 순위로 본다고 대답했다.

예전에는 이 말이 잘 이해되지 않았는데, 요즘 들어서는 전적으로 공감한다. 그리고 나조차도 이런 후배가 들어오면 좋겠다고 생각한다. 기록하고, 콘텐츠를 만드는 경험이 얼마나 나를 단단하게 만들고 발전시켰는지 잘 알기에 비슷한 경험을 해본 사람에게 무조건적으로 끌린다. 그리고 이런 사람이 많아졌으면 좋겠다.

이건 이 책을 쓰게 된 이유와도 맞닿아 있다. 내가 그랬던 것처럼, 더 많은 사람이 자신의 생각을 콘텐츠로 만들어 더 성장하고, 더 발전하고, 더 단단해졌으면 좋겠다. 절대 거창한 일이 아니다. 인스타그램에서 새로운 계정을 만들어 활동하거나, 포털 블로그에 글 하나 남기는 것으로도 시작할 수 있다. 10분만에 시작할 수 있다. 지금은 얼마든지 간단하고 편하게, 사적인 생각을 쓸모 있는 것으로 만들 수 있는 시대다.

조심스럽게 예측해보자면, 내 생각을 잘 사용할 줄 아는 사람이 앞으로 더 주목받을 것 같다. 요즘은 정보의 생산과 소비가 워낙 빠른 흐름으로 흘러간다. 정보 접근성 역시 그 어떤 시대보다 용이하다. 그래서 역설적이게도 '생각'이 더 중요해진다. 확고한 생각으로 많은 정보를 정갈하게 받아들이는 능력이 반드시 필요하다. 다른 사람을 나의 단단한 논리로 설득하는 일, 이 일이 결국은 생각을 콘텐츠로 만드는 일과 맥이 통한다.

지난 5년간 '생각의 쓰임'을 위해 끊임없이 고민했다. 어떻게 하면 건강한 생각을 꾸준히 할 수 있을까, 생각을 기록하기 위한 루틴으로는 무엇이 좋을까, '나의 생각'이 '찾아보는 콘텐츠'가 되기 위해서는 어떤 조건을 갖춰야 할까, 각 채널에 맞는 생각 기록 활동은 무엇이 있을까 고민을 거치며 지난 5년을 보냈다. 그리고 이런 경험은 역설적이게도, 본업인 마케터와 기획자의 역량을 길러줬다. 생각하는 삶을 살자 일하는 삶도 더불어 좋아진 것이다.

이 책에 적은 나의 '생각 쓰임' 이야기가, 생각을 어떻게 써야할지 고민하고 있는 분들께 조금이나마 도움이 된다면 좋겠다. 조금 더 원대한 꿈을 적어보자면, 사적인 개인의 생각과 시선, 관점이 더 풍부해지는 세상에 기여한다면 더할 나위 없이 좋겠다. 서로의 생각에 영감을 받으며 성장해나가고 '지적 연대감'을 느낄 수 있는 지적인 놀이터가 넓어지면 좋겠다.

《생각의 쓰임》이라는 이 책의 제목은 두 가지 의미를 담고 있다. 생각이 다방면으로 '쓰일 수 있다'는 가능성, 그리고 생각을 글로 '써왔던' 나의 또 다른 자아와 성장, 생각노트에 관한 것이다. 나의 생각과 기록 생활이 나를 단단하게 만든 것처럼, 독자 여러분의 삶에도 부디 그럴 수 있기를 바라며 책을 시작해보고자 한다.

콘텐츠

1장   생각을 담는 그릇, 생각노트

2장 사소한 생각을 찾아보는 콘텐츠로 만들기

3장　생각의 재료를 모으는 인풋 루틴

1장

•

생각을 담는 그릇,
생각노트

'진짜 나'를 찾기 위해
시작한 여정

Think
Note

내가 하고 싶은 말을 마음껏 뱉고
내가 살고 싶은 대로 살아볼 수 있는
새로운 자아가 필요했다.

사람들에게 나의 관점과 생각을
자유롭게 전달하고 나누는 '나'다운 것들이 쌓이며
생각노트가 되었다.

생각노트를 시작한 가장 본질적인 이유는 '나만의 공간'을 갖고 싶은 바람 때문이었다. 늦은 시간, 야근을 마치고 집으로 돌아오는 버스 안에서 문득 이런 생각이 들었다.

"내 공간, 내 영역, 내 방을 갖고 싶다."

심적으로 느껴지는 나만의 공간이 필요했다. 내가 관심사를 파고들며 즐거움을 느끼고 좋아하는 것을 하며 지낼 수 있는 공간. 생각해보면 그때 내가 나만의 공간을 원했던 건, 점차 나를 잃어가고 있다는 불안감 때문이었다.

그 당시, 나는 내 생각에 대한 확신이 매우 부족한 사회 초년생이었다. 회사 생활을 하는 내내 내 말이 혹시 실수가 되지는 않을지, 허무맹랑한 생각이라 여겨지지 않을지, 분위기 파악 못한다고 핀잔맞지는 않을지, 지금 생각하면 왜 그랬을까 싶을 정도로 자존감은 낮았고 자신감은 없었다. 주변 사람의 시선을 쓸데없이 많이 신경쓰는 고질적인 내 성격 탓도 있었다. 자주 움츠러들었고 심한 긴장감에 몸을 주체하지 못할 만큼 떨기도 했다.

나 자신으로 그동안 잘 살아왔던 나에게, 회사는 새로운 자아로 살아갈 것을 원했다. 이상하게 회사 문을 열고 사무실에 들어가면, 내가 사라진다는 느낌이 들었다. 매번 오늘도 회사원 아무개로 열심히 살아보자는 굳은 다짐을 하고 들어가야 했다. 그래서 그랬을까. 문득 회사 일을 마치고 집으로 돌아가는 퇴근길에서 희미해지는 '나'를 찾고 싶었다.

'생각노트'는 그런 내가, 나를 찾을 수 있는 좋은 방법이었다. 생각노트는 온라인에 만든 나만의 방이다. 이곳에서는 나의 관점, 생각, 해석을 자유롭게 털어놓을 수 있다. 듣는 사람의 눈치를 볼 필요도 없다. 이런 공간이 있다는 사실 자체만으로 든든하고 의지가 됐다.

"일단 무엇이든 블로그에 뱉어보자"

그렇게 '생각노트'라는 이름의 기록 생활이 시작됐다. 블로그를 열었고, 내 생각은 차츰 이곳에 쌓이기 시작했다. 그러면서 조금씩 '나'를 찾아갔다. 내가 이런 생각을 했었지, 이런 관점도 갖고 있지, 조금씩 나에 대해서 다시 알아갈 수 있었다. 그리고 점차 균형감을 갖추게 됐다. '회사원 100%'로 사는 것이 아닌 '회사원 50% 생각노트 50%'의 비율로 적당하게 균형을 맞추면서 말이다. 내 생각과 내 관점, 내 이야기를 들어줄 곳에 무엇이든 뱉어보자는 생각, 그것이 생각노트의 시작이자 나를 찾기 위한 출발점이기도 했다. 그리고 놀랍게도, 나는 점점 나를 찾아갔다.

내 관점의 가치를
계산해볼 수 있을까?

Think
Note

내가 만드는 콘텐츠의 가치는 어느 정도일까?

소속과 직무를 벗어던진 나의 가치는
어떻게 평가될까?

현실 세계의 나를 드러내지 않으면서
진짜 나를 평가받을 수 있었다.

생각노트를 하면서 나에 대해 공개적으로 밝힌 적이 없다. 함께 협업을 했던 사람들에게만 본명과 회사를 조심스럽게 알렸을 뿐이다. 책도 생각노트라는 부캐로 냈고, 몇 곳에서 진행한 서면 인터뷰도 모두 생각노트라는 이름으로 진행했다. 얼굴이나 목소리가 노출되는 영상 인터뷰는 정중하게 거절하고, 강연 역시 한 번도 진행하지 않았다(단, 독자와의 만남을 한 적은 있었는데, 뒤에서 언급할 예정이다).

2018년 《도쿄의 디테일》을 출간한 후 부모님께 몇 권 드리며 내가 쓴 책이라고 소개했다. 부모님은 책을 들고 한참을 살펴보시더니 나를 빤히 쳐다보며 내 이름이 어디 나와 있냐고 물으셨다. 자식 책이 나왔다고 하니 당연히 자식 이름이 크게 새겨진 책을 기대했을 테고, 그 책을 주변 분들께 드리면서 자식 자랑 좀 하고 싶으셨을 것이다.

"어머니, 저는 생각노트라는 부캐로 활동하고 있어요."

물론, 부모님은 이해하지 못하셨다.

"아무리 그래도 책은 너 이름으로 써야지……."

사실 익명으로 활동한 가장 큰 이유는 회사의 겸직 제한 때문이었다. 내가 다니는 회사에서는 겸직을 제한하고 있었다. 출판이나 강연은 당연히 컨펌을 받아야 했고, 나를 드러내며 활동할 수 있는 대부분의 영역은 애매모호한 조항으로 막고 있었다. 그래서 블로그 활동을 하고, 퍼블리에서 펀딩을 하고, 책을 내기 위해서는 내가 누구인지 숨겨야 했다.

익명이 좋은 점도 있다. 우선은 콘텐츠만으로 평가받을 수 있다. 내 이름도, 내 나이도, 내 회사도, 내 학력도 공개되지 않은 상황에서 '생각노트' 브랜드를 키울 수 있는 건 오로지 콘텐츠였다. 콘텐츠만으로 성장할 수 있는 기틀을 마련할 수 있었다.

또 좋은 점은 나의 본업과 생각노트가 철저히 분리된다는 것이었다. 내 이름 아무개로 하는 이중 작업이 아니었기 때문에, 지치지 않고 각각의 캐릭터에 번갈아가며 몰입할 수 있었다. 회사원으로 일을 할 때는 회사원의 역할에 집중했고, 그 시간이 끝나면 생각노트로 전환하여 생각노트에 몰입했다. 철저한 분리는 각자의 몰입을 만들었다.

익명으로 숨어 있더라도, 독자들은 콘텐츠에 집중한다. 《도쿄의 디테일》《교토의 디테일》을 출간하며 확신했다. 그전에는 저자의 본명을 밝히지 않는 '블라인드 저자'보다 자기소개에서 이력을 확실하게 어필해주는 저자의 책에 눈길이 가고 구매까지 이어진다고 생각했다. 하지만 생각노트라는 익명의 저자가 쓴 책은 예상보다 많은 관심을 받았다. 그때 '저자의 유명세보다 콘텐츠 그 자체에 관심을 가지는 독자들이 이렇게 많구나'라고 생각했다.

앞으로도 특별한 일이 없다면 내가 누군지 숨긴 채 생각노트라는 이름으로 계속 활동할 예정이다. 어느 경력 관리 책에서 이런 이야기를 읽은 적이 있다. 소속의 힘에 가려져서 진짜 나의 힘이 어느 정도인지 잊어버리면 안 된다고. 이와 연결된 표현으로 늘 상기하는 말은 '나의 시장 가치는 어느 정도인가?'이다. 내가 회사도 버리고, 나이도 버리고, 학력도 버린 채 같은 시장에 나온 다른 사람과 객관적으로 실력을 비교했을 때 과연 경쟁력이 있는지 살펴보는 것이다.

익명으로 활동하면 '시장 가치'에 민감해진다. 나의 소속이나 직함에 끌린 분들이 아닌 오로지 내 콘텐츠에 모인 분들이기에, 콘텐츠가 별로라면 미련 없이 떠나간다. 실제로 부족한 콘텐츠를 올리면 팔로워가 급격히 줄어든다. 그럼 이 시그널을 보고 난 깨닫는다. '아, 이번 콘텐츠가 별로였구나. 다음에는 더 잘 만들어야지'라고. 그러면서 계속 높은 시장 가치를 평가받기 위해 노력하게 된다. 그 점이 나를 자극하고, 계속 창작을 하게 되는 원동력이 된다.

그래서 '익명'으로 계정을 만들어 활동해보는 것을 추천드리고 싶다. 인스타그램, 페이스북, 브런치 등 어떤 플랫폼이라도 상관없다. 또 다른 자아를 만들어 키우는 맛이 있다. 내가 차마 못 했던 말을 할 수 있는 것도 좋다. 지인들 눈치를 보지 않아서도 좋다. 내성적인 사람도 마음껏 나를 표현해볼 수 있다. 누군가에게 보여주기 위해 활동하는 것보다 나를 위해 활동하게 된다. 이것이 앞으로도 오랫동안 익명을 유지하고 싶은 이유다.

나만의 '관점'을 담는
마케터의 이중 생활

나의 본업은 마케터이다.

어떤 것을 해도 쓸모 있길 바랐고,
누군가에게 전달되기를 바랐다.

생각노트의 기록에 관점을 더하자
사람들에게 닿기 시작했다.

마케터가 된 후, 일을 잘하기 위해 다양한 인풋을 미친 듯이 찾
아 습득했다. 페이스북 페이지, 카페, 인스타그램, 블로그를 찾
아보는 것은 기본이고 기획자의 센스가 돋보이는 전시, 페스
티벌, 강연, 이벤트에는 의무감에 가까운 마음으로 참석했다.

다양하고 많은 인풋을 받아들이면서 나만의 관점으로 해석하는 눈과 머리가 트이기 시작했다. '보고, 들은 것'을 나열하는 기록에서, '느낀 것'을 서술하는 기록으로 바뀌며 나만의 관점으로 쓴 콘텐츠를 만들었다.

예를 들면 이런 식이었다. 생각노트를 시작하던 당시 대림미술관의 인기가 상당했다. 대림미술관은 그야말로 '핫플레이스'였다. 사람들은 대림미술관을 설명할 때, '전시 내용'에 대한 이야기를 주로 했다. 작가가 누구고, 어떤 기획으로 전시가 꾸며졌으며, 인상 깊었던 전시 요소에 대한 이야기를 했다. 그리고 그런 기록이 곳곳에 많았다.

하지만 내게는 조금 색다른 것이 보였다. 전시 내용보다도, 미술관 밖에 길게 줄 서 있는 관람객이 더 눈에 들어왔다. 그리고 그 관람객의 대부분이 2030세대라는 점도 눈에 띄었다. 그래서 생각했다. 어떻게 대림미술관은 줄 서는 미술관이 되었으며, 젊은 세대에게 사랑받는 미술관이 되었는지 말이다. 다소 고리타분하게 느껴질 수 있는 '미술 관람'을 어떻게 젊은 세대의 방식으로 풀어냈는지 궁금해졌다. 그래서 자료를 찾아보기 시작했고, 다녀온 사람들에게 물어보기도 했으며, 내가 직접 관람을 하면서 느껴보기도 했다. 그러면서 궁금한 것을, 나의 관점으로 적어봤다. 아래와 같은 식으로 말이다.

1

알고 보니 대림미술관은 '건설사'가 지은 미술관. 문화 예술을 통해 사회에 기여한다는 '메세나 정신'에 기반하여 만들어진 미술관이 바로 대림미술관. 문화 예술에 대한 '철학'이 있기에, 전시에 투자를 아끼지 않았을 것 같다는 생각.

2

'일상이 예술이 되는 미술관' 대림미술관의 슬로건 좋다. 이런 방향성이 있기에 전시를 보다 쉽게 풀어내면서, 많은 사람들이 어렵지 않게 전시를 느낄 수 있게 된 것이 아닐까.

3

젊은 관람객이 많은 이유는 관람 문화를 '혁신'한 것이 크게 기여했다는 생각. 사진 촬영을 허용하고, 한 티켓으로 여러 번 입장이 가능하기도. 젊은 세대의 관람 흐름을 잘 읽고 도입한 것이 유효.

그리고 이렇게 적은 것을, 글로 써서 완결지었다. 완성된 글은 다음 페이지에 첨부했다.

해석은 정답이 아니다. 그저 내 생각이고 추론일 뿐이다. 처음에는 나의 주관적인 관점에 사람들이 공감을 해줄까 걱정되기도 했다. 말도 안 되는 소리라고 하면 어쩌나 막연히 불안하기도 했다. 그래서 '자체 검열'을 한 적도 있다. 하지만 기록하는 공간 본연의 역할은, 온전한 '나만의 공간'이다. 기록하는 것이 우선이지, 공유가 우선은 아니었다. 그렇게 생각하기로 한 후, 내 관점에 의한 기록과 생각을 써나가기 시작했다. 그리고 내 관점에 공감해주시는 분들이 생기면서 생각노트가 조금씩 알려지기 시작했다.

기록은 나만의 관점으로 해석할 때 콘텐츠가 될 수 있다. 예를 들면, 최근에 내가 즐겨보는 유튜브 채널이 있다면, 왜 이 유튜브 채널에 관심을 갖게 되었는지 숫자를 붙여가며 해석해보는 것이다. 나만의 방식으로 해석했고, 내 관점이 반영되는 것이 중요하다. 그리고 그것을 토대로 콘텐츠를 만들면, 그것이 나만의 콘텐츠가 될 수 있다. 결국 나의 관점으로 '해석이 된 기록'이어야만 콘텐츠가 될 수 있다. 생각노트를 처음 운영할 때부터, '관점'에 승부를 걸었던 것도 그런 이유 때문이었다.

대림미술관은 어떻게
줄 서서 입장하는 미술관이 되었나?

발행: 2017년 2월 16일 · 160.8K VIEWS

주말이 되면 줄 서서 입장하는 미술관이 있습니다. 바로 서울 통의동과 한남동(분관)에 위치하고 있는 대림미술관(분관 D 뮤지엄)입니다. 그러나 더 신기한 게 있습니다. 바로 줄 서 있는 대부분의 사람들이 바로 20대와 30대라는 점입니다. 우리 주위에는 참 놀 거리가 많습니다. 특히나 젊은 세대에게는 말이죠. 그러나 많은 20대, 30대가 "대림미술관"을 찾고 있습니다. 따분하고 지루할 것 같고, 뭔가 공부를 열심히 하고 가야 이해하고 나올 수 있을 곳 같은 미술관을 20대가 스스로 찾아가고 있는 거죠. 그렇다고 모든 미술관이 그런 것은 아닙니다. 유독 "대림미술관"만 이렇습니다!!

20대, 30대 사이에서 대림미술관은 일명 "출첵(출석체크) 미술관"으로 불립니다. 20대의 문화를 향유하는 사람이라면 꼭 들러야 하는 미술관이라는 뜻이죠. 객관적인 수치도 이를 증명합니다. 2015년, 한 해동안 46만 명의 관람객이 대림미술관을 찾았습니다. 2015년 국립 현대미술박물관 유료 관람객 수가 15만 명에 달했다는 점과 비교하면 무려 3배나 많은 유료 관람객을 유치한거죠. (출처:국립현대미술관 2015 연보) 그리고 이 중 93%가 바로 20대, 30대였습니다. 어떻게 대림미술관은 20대와 30대를 끌어들였을까요?

1. 건설사가 만든 미술관, '메세나 정신'의 진정성이 통하다

처음 대림미술관을 들었을 때는 대림미술관의 '대림'이 저희가 흔히 알고 있는 '대림산업과 같은 대림인 줄은 몰랐습니다. 왜냐면 건설전문업체가 이런 문화 사업을 할 리가 없다는 생각 때문이었습니다. 하지만 대림미술관은 바로 대림산업이 설립, 개관한 미술관입니다.

대림산업은 1996년,

"건설사가 미술관을 지어 젊은 작가들이 활동할 수 있는
공간을 마련해 준다"

라는 취지로 대림문화재단을 설립했습니다. 그리고 다양한 신
진 아티스트를 지원하는 프로그램을 꾸준히 진행하다 2002년
대림미술관을 개관했습니다. 이는 그 당시에 그야말로 '파격적'
이었습니다. 문화 재단을 만들어 창작자를 후원하는 프로그램
은 기본적으로 다른 회사들의 CSR 프로그램에도 있었습니다.
금호, CJ 등이 문화 후원을 통해 '문화 기업' 이미지를 갖게 된 대
표적인 사례죠. 그러나 대림산업처럼 문화와 전혀 관련 없는 건
설 관련 회사가, 독립적으로 미술관을 개관하고 운영하는 건 정
말 의외였습니다. (삼성 리움 미술관의 경우 2004년에 개관했습니다)

그 이유를 살펴보면 오너 일가의 메세나 정신에 있습니다. 메세
나란 '문화 예술을 통한 사회 기여'를 의미합니다. 이준용 대림
산업 명예회장은 한국메세나협회 창립 멤버이자 1994년부터
1997년까지 부회장을 역임했을 정도로 메세나 정신을 매우 중
요하게 생각하는 경영자 중 한 분입니다. 이에, 보여주기 식의
형식적 후원이 아닌 실질적으로 젊은 작가들이 힘이 될 수 있도
록 후원하고 문화 예술을 통해 사회에 기여하겠다는 의지를 보

여주기 위해 대림미술관을 설립했습니다. 그리고 기존 건설 회사의 이미지를 상쇄시키고 싶은 점도 분명히 컸을 것입니다. 사실 건설업은 문화와는 매우 거리가 먼 산업군입니다. 건설사는 콘크리트, 철골 등의 건축 자재 등으로 인해 딱딱하고 어두운 이미지가 강하죠. 이런 이미지를 대림 건설은 문화 사업을 통해 상충하고 싶었습니다. '잿빛 건설사'에서 '수채화 같은 기업'으로 변신을 시도한 겁니다.

이런 전략은 어느 정도 통하고 있습니다. 대림미술관은 다른 미술관과 달리 신진 아티스트들에게 많은 것을 오픈하고 있습니다. 2012년에는 창작자들을 기반으로 한 뮤지엄 프로젝트 공간 '구슬모아당구장'을 새로 오픈하기도 했죠. 신진 아티스트들은 자신들을 선보일 수 있는 공간이 있어서 좋고, 관람객들은 '나만 알고 싶은 아티스트'를 발견할 수 있어서 좋아합니다. 결국 선순환구조인셈이죠. '대림미술관' 이라는 공간을 놔두고 신진 창작자와 관객이 서로 맞물려 가며 새로운 문화콘텐츠를 선보이는 공간으로 뜨고 있는 겁니다. 물론, 대림미술관에 방문한 관객들은 대림산업을 '다르게' 보기 시작했습니다.

2. 연달아 히트 치는 기획 전시전, 전시 기획력의 힘

당연히 '전시'를 다루는 미술관인 만큼 전시 기획력이 중요합니다. 모든 미술관의 큐레이터들은 다른 미술관과 차별화 된 전시 기획을 위해 부단히 노력하고 있죠. 그럼에도 왜 대림미술관의 전시는 유독 젊은 세대에게 주목받고 있을까요? 대림미술관은 원래 사진전으로 시작했지만 지금은 패션, 가구 디자인, 생활 디자인, 사진 카테고리 등으로 확장했습니다. 시대에 따라 '일반적인' 관객들이 관심 있게 볼 만한 카테고리로 계속 확장해나갔으며 공부하는 것이 아니라 '보는 것'만으로도 관람 재미를 선사하기 위해 노력했습니다. 대림미술관은 작품이나 감상법에 대한 특별한 지식이 없어도 미술관을 즐기고 작품과 친해지길 원하고 있습니다. "어려운 전시가 퀄리티 높은 전시다."는 전시 업계 불문율을 깨고 과감하게 혁신한 거죠. 이는 대림미술관의 비전인 "일상이 예술이 되는 미술관"과도 맞닿아 있습니다.

일상이 예술이 되는 미술관

유서 깊은 경복궁과 인접한 주택가에 위치하고 있는 대림미술관은 한국 최초의 사진 전문 미술관으로 출발하여 현재에는 사진뿐만 아니라 디자인을 포함한 다양한 분야의 전시를 소개하며 그 경계를 확장해나가고 있습니다. 대림미술관은 '일상이 예술이 되는 미술관'이라는 비전 아래, 우리 주변에서 쉽게 발견할 수 있는 사물의 가치를 조명함으로써 대중들이 일상 속에서 예술을 즐길 수 있도록 새로운 라이프 스타일을 제안하는 전시 컨텐츠를 만들어내고자 노력하고 있습니다.

- 국/내외 아티스트들과의 지속적인 네트워크를 구축하며, 국제적 문화교류를 통해 수준 높은 현대미술과 디자인 분야를 소개합니다.
- 대중과의 활발한 소통을 지향합니다.
- 지역 연계 프로젝트를 통해 지역사회와 함께하는 문화를 만들어가는 친근한 미술관을 지향합니다.
- 다양한 예술장르를 넘나들며 활동하는 국내 젊은 아티스트들의 독창적이고 실험적인 창작활동을 지원합니다.
- 다양한 교육프로그램을 통해 공공 교육의 발전과 활성화를 위해 앞장섭니다.

▲ 대림미술관의 비전, "일상이 예술이 되는 미술관"

대림미술관에서 히트를 치고 있는 기획 전시전의 준비 기간은 보통 2-3년입니다. '트로이카'전의 경우는 무려 4년의 준비 기간을 거쳐 선보였죠. '헨릭 빕스코브전'의 경우는 2년 여 준비 기간이 걸렸습니다. 단순히 지금 대림미술관에서 전시를 하고 있다고 해서 최근 몇 달간 준비한 게 결코 아닙니다. 이미 수년 전부터 오늘의 사회, 문화, 전시 트렌드 등을 미리 읽어 준비한 기획전입니다. 또한 시의성에 뒤쳐지지 않을지, 작가가 전달하고자 하는 메시지가 수년 뒤에도 어색하지 않은 보편화된 메시지인지에 대해 계속 질문을 던지고 고민을 합니다. 결코 간단한 깊이가 아닙니다. 한 치 앞도 못 보는 이 세상에서 몇 년 뒤를 미리 봐야 한다는 의미는 그 분야에 대해 전문성이 매우 높고 일반 대중보다는 한 발 앞서 있는 '젊은 감각'이어야 한다는 것입니다. 이렇게 공을 들인 전시는 관객들의 뜨거운 호응으로 되갚아지고 있습니다. 그리고 한 번 대림미술관의 전시를 보고 간 사람은 다음 대림미술관 전시가 있을 때 아무 이유 없이 "그냥" 가게 됩니다. 얼마나 임팩트 있는 전시였는지 몸소 체감했기 때문입니다.

3. 사진 촬영을 허용한 첫 미술관, 관람 문화에 혁신을 가하다

이제는 많이 흔해졌지만 예전만 하더라도 미술관에서 사진 촬영이 불가했습니다. 작품의 가치는 온전히 작품 자체로만 판단해야 한다는 문화예술계 입장과 셔터소리, 플래시 등이 다른 관객들의 관람에 방해가 된다는 전시업계 입장이 맞아떨어졌기 때문입니다. 하지만 '일상이 예술이 되는 미술관'이 되기 위해 대림미술관은 국내 미술관 최초로 사진 촬영을 허용했습니다. 감명 깊게 본 작품은 사진 촬영을 통해 일상 속에서도 두고두고 볼 수 있어야 한다는 것입니다. 또 전시를 바이럴하는 효과도 있습니다. SNS 활성화 덕분에 일명 '전시 인증샷'은 전시 자체를 바이럴하는 역할을 했죠. 사진 촬영을 허락하면서 관람객들의 자체 바이럴을 유도했고, 전시관람객 한 명 한 명이 모두 '광고 채널'이 된 셈입니다 (실제로 인스타그램 #대림미술관 해시태그 게시물은 22만 건에 달합니다.)

이뿐만이 아니라 대림미술관은 국내에서 유일하게 한 번 티켓을 구입하면 전시 기간 내에 무제한으로 입장이 가능합니다. 전시에 대해 이해를 단 한 번의 관람만으로는 힘들다는 배려에서 나온 정책입니다. 이에 한 번 전시를 보고 난 뒤면 '놀러가듯이'

계속 미술관을 들락날락하게 됩니다. 그리고 신기하게 갈 때마다 작품에 대한 해석의 폭은 점점 넓어집니다. 미술관을 오는 '재미'가 생기게 되는거죠. '재입장 안 되니까 한 번에 다 봐야지' 할 필요도 전혀 없습니다. 그럼, 티켓이 비싸겠지? 라고 생각할 수도 있으시겠지만 온라인에서 회원가입만 하면 4,000원에 무제한으로 관람할 수 있습니다.

또한 대림미술관은 복합문화공간으로 발전하고 있습니다. 분관인 D 뮤지엄에서는 주말마다 콘서트 / 클래스 / 아티스트 토크 / 마켓 등이 풍성하게 열리고 있습니다. 그야말로 먹고 마시고 즐기는 미술관입니다. 또한 미술에 관심이 없어도 충분히 즐길 수 있는 문화 콘텐츠들이 있죠. 그래서 예전에는 "미술관을 가면 전시를 본다"라는 개념이었다면 대림미술관에 가는 관객들은 "미술관을 가면 전시'도' 본다"라는 개념으로 바꼈습니다. 또한 한 공간에서 다양한 문화적 체험활동을 체험하길 좋아하는 젊은 층들이 '데이트 장소'로 이곳을 선택하는 이유도 됩니다.

이밖에도 대림미술관은 통의동 대림미술관 옆에 '미술관 옆집' 카페를 운영하고 있습니다. 그리고 모회사 대림산업은 강남의 핫플레이스 '글래드 라이브 강남'을 오픈하면서 회사 전체가 문화 공간 인프라 구축에 열심입니다. 박물관에서 시작해 카페, 호텔 등으로 점점 넓혀나가고 있죠. 그리고 확장하는 공간마다 '대림미술관' 특유의 감성이 들어가 핫플로 즉시 부상하고 있습니다. 대림미술관의 성공이 모회사 '대림산업'의 사업 방향을 바꾸고 있다고 해도 과언이 아닙니다.

진정성 있는 시도를 통해 개관한 대림미술관은, 다른 미술관이 하지 않던 시도들을 통해 관객들의 사랑을 받는 미술관 브랜드가 되었습니다. 조만간 대림미술관은 직장인 관람객분들의 편의를 위해 나이트 뮤지엄으로도 또 한 차례 변화를 시도한다고 합니다. 관객에게 새로운 전시 경험 가치를 선사하고 있는 대림미술관을 응원해봅니다.

* 사진이 포함된 전문은 생각노트 홈페이지에서 확인하실 수 있습니다.

지하철을 타면
스마트폰은 잠시 내려둔다

사람이 많은 곳에 가면
스마트폰을 내려놓고 사람들을 관찰한다.

사람들이 무엇을 보고 있는지,
어떤 디바이스를 사용하는지 관찰한다.

그리고 기록하고 질문하고 해석한다.

나만의 해석을 키우기 위해 끊임없이 노력했고 아직도 답을
찾아가는 중이다. 그리고 어떻게 하면 이를 체계화할 수 있을
지 고민을 했다. 뭔가 시스템으로 체계화하면, 보다 쉽게 나만
의 해석을 얻는 것이 가능해지지 않을까 싶었다. 그래서 내가
구축한 '해석 기르기' 프로세스는 크게 4단계로 설명할 수 있

다. 바로 관찰, 기록, 질문, 해석이다.

가장 중요하게 생각한 것은 관찰과 기록이다. 마케터로 일을
시작하며 존경하는 마케터 선배에게 가장 먼저 배웠던 부분이
바로 '관찰'이었다. 흐름과 변화를 읽어내기 위해서는 면밀한
관찰이 정말 중요하다는 것이 선배의 말이었다. 이 관찰은 크
게 사람에 대한 관찰과 이슈에 대한 관찰로 구분할 수 있다.

우선 사람에 대한 관찰은 나의 취미 중 하나인 '사람 구경'이
다. 어딜 가도 사람 관찰하기를 좋아하고, 여행을 가서도 현지
사람 구경에 몇 시간을 보내곤 한다. 그리고 놀랍게도 이렇게
관찰을 할 때마다 얻는 생각이 꼭 있다.

예를 들면, 지하철은 관찰하기에 더없이 좋은 공간이다. 에어
팟이 대중화되는 것도, 패션 플랫폼 '무신사'가 점점 10대에게
선택받고 있는 것도, 유튜브와 인스타그램의 인기도, 패션 브
랜드 '슈프림'의 인기도 모두 지하철에서 사람들을 관찰하며
가장 먼저 알아챘다. 지하철은 선입견 없는 무작위 표본으로
구성된 사람들을 만나 새로운 것을 캐치할 수 있는 기회이다.
그래서 지하철을 타면 스마트폰은 잠시 내려둔 채 사람들을 구

경한다. 어떤 옷을 입었고, 어떤 신발을 신었고, 어떤 디지털 디바이스를 이용하고, 어떤 서비스를 이용하는지(물론, 이건 지옥철이 되어 어쩔 수 없이 다른 사람의 스마트폰을 볼 수밖에 없을 때다. 다른 사람의 스마트폰 화면을 함부로 쳐다보는 건 실례다) 살펴본다. 다음은 지하철을 탔던 어느 날의 관찰 일지다.

1

어르신 중에 에어팟 이용하는 분이 많네.

에어팟 사용이 그리 어렵지 않다는 이야기.

애플의 제품 편의성은 정말 대단.

이제 전 연령 모두가 무선 이어폰을 쓸 듯.

에어팟 프로도 많이 보임. 갈아탄 사람 좀 되는 듯.

2

무선 이어폰을 사용하지 않는 젊은 세대도 꽤 보이는데,

무선을 안 쓰고 유선을 고집하는 이유가 혹시 있을까.

유선을 쓰는 나름의 이유도 있을 수 있겠다는 생각.

3

손녀 손잡고 양쪽에 앉으신 할머니, 할아버지.

할아버지가 풍선을 들고 계심.

손녀에 대한 애정이 가득 느껴지는 씬.

4

책 보고 있는 사람은 이 칸에 아무도 없음.

5

2030으로 보이는 사람의 신발의 절반은 나이키,
절반은 컨버스.
컨버스가 아웃도어 브랜드의 난립 속에서도
잘 버티고 있는 것 같네. 그 비결은 뭘까.

6

반바지 입은 남자들 많네. 이제 본격적인 여름.

2020년 5월 17일 지하철 안에서

이를 통해서 무선 이어폰이 이제 표준이 되어간다는 점, 유선 이어폰을 일부러 사용하는 사용자층은 없을까 하는 호기심, 독서 인구가 갈수록 줄어간다는 점, 컨버스가 대세 브랜드로 자리 잡았다는 점을 캐치한 뒤, 그 다음 프로세스로 넘어간다. 더 알아보고 싶은 건 더 알아보고, 더 생각하고 싶은 건 더 생각해본다. 이렇게 사람에 대한 관찰을 하며 먹고, 마시고, 쉬고, 이동하는 사람들로부터 지금의 트렌드를 읽어보려 한다.

두 번째 관찰은 이슈에 대한 관찰이다. 뜨고 지는 다양한 이슈를 놓치지 않고 습득하기 위한 가장 좋은 방법은 나만의 인풋 소스를 늘리는 것이다. 예전에는 인풋 소스를 무작정 늘리는 것이 가장 좋은 건 줄 알았다. 하지만 지금은 '나에게 맞는' 인풋 소스를 찾은 뒤 이를 루틴화하는 것이 가장 좋다는 것을 깨닫게 됐다. 모든 정보를 다 받아들여야 한다는 부담감도 사라지고, 내게 최적화된 인풋 소스를 받으니 소화도 더 잘 된다. 내가 이슈를 관찰하는 인풋 소스는 이렇다.

> •책 •신문 •잡지 •인터뷰 콘텐츠 •팟캐스트
> •성장 드라마 •다큐멘터리

이를 통해 어떤 트렌드와 브랜드, 인물, 어젠다와 쟁점이 뜨고 있는지 관찰할 수 있다. 사람과 이슈에 대한 관찰을 완료하면 이를 기록한다. 어디든 좋다. 들고 다니는 수첩에 적어도 좋고, 스마트폰 메모장에 적어도 좋다(각 루틴별로 관찰하고 기록하는 자세한 방법에 대해서는 뒤의 3장에서 더 자세히 다뤘다).

사소한 생각을 콘텐츠로 만드는
한 끗 차이는 무엇일까?

관찰과 기록이 사적인 생각이라면,
질문과 해석은 콘텐츠의 시작이었다.

사람들이 찾아보는 콘텐츠의 첫 번째 차이가
여기에서 온다는 사실을
많은 아티클을 올리고 나서야 발견했다.

관찰과 기록을 했다면 여기까지는 개인의 사적인 생각이고,
사적인 기록이다. 일기장과 크게 다르지 않다. 그럼 여기서 더
나아가 사람들이 찾아보는 콘텐츠가 되기 위해서는 어떻게 해
야 할까. 내가 내린 결론은 질문과 해석을 더해서, 나의 관점을
녹여내야 한다는 것이었다.

먼저 질문. 관찰과 기록을 토대로 질문을 한다. 이때 나만의 해석으로 이어지게 하는 놀라운 주문 두 가지가 있다. 바로 '왜?' 와 '어떻게?'다. 관찰과 기록한 것을 토대로 '왜?', '어떻게?'라고 질문을 던진다. 어떤 브랜드가 뜨고 있다고 하면 왜 떴는지, 어떻게 떴는지 질문을 던진다.

생각노트 블로그에 실린 글의 제목을 보면 스스로 궁금해서 '질문'했던 문구를 그대로 올린 것이 많다. 아래와 같은 식이다.

- 방탄소년단은 어떻게 신기록을 쌓는 대세 아이돌이 됐을까?
  (2020.2.25)
- '오늘의 집'은 어떻게 콘텐츠와 커머스 모두를 잡을 수 있었을까?
  (2019.7.29)
- 유튜브는 어떻게 점점 '지식iN'이 되어가고 있을까? (2019.5.27)
- 프릳츠는 어떻게 밀레니얼 세대에게 사랑받는 '커피 브랜드'가
  됐을까? (2019.4.1)
- Grammarly는 어떻게 '맞춤법 검사'로 매일 700만 명이 찾는
  서비스가 됐을까? (2018.5.20)
- 브런치는 어떻게 글 잘 쓰는 사람들을 모여들게 했을까?
  (2017.04.17)

내가 궁금해서 던진 질문이자 다른 사람도 궁금해할 법한 내용을 제목에 그대로 담았다. 이런 패턴으로 콘텐츠 제목을 지어나가자, 구독자로부터 이제 제목만 봐도 생각노트 글인지 알 것 같다는 칭찬(!)을 받기도 했다.

이렇게 질문을 던진 뒤, 해석을 한다. '내 생각에는 이런 점이 유효했던 것 같아'라고 말이다. 리서치를 하기도 한다. 뜨고 있는 게 객관적인 수치로도 증명이 되는지, 다른 사람들도 공감하는 이슈인지 확인한다. 그러면서 나만의 논리로, 내가 스스로 던진 질문에 답을 했다. 그리고 이걸 콘텐츠로 만들어 발행했다. 위의 질문에 대해 나는 아래와 같이 해석을 했다.

- 방탄소년단은 어떻게 신기록을 쌓는 대세 아이돌이 됐을까?

(2020.2.25)

해석 1: SM + YG + JYP의 전략을 버무리다.

해석 2: 해외에서 먼저 뜬 아이돌, '역수입 전략'을 활용하다.

해석 3: 네이버 V앱 출시 마케팅을 제일 잘 활용한 아이돌.

- '오늘의 집'은 어떻게 콘텐츠와 커머스 모두를 잡을 수 있었을까?

(2019.7.29)

해석 1: 상품과 가격을 UGC 콘텐츠 안에 철저히 숨기다.

해석 2: 이해 관계자의 니즈를 잘 엮어주다.

해석 3: 이곳에서 사야 하는 이유를 만들다.

- 왜 많은 가게들이 '인스타그램'을 공식 홈페이지로 삼게 됐을까?
(2018.12.28)

    해석 1: 공수를 크게 들이지 않을 수 있다.

    해석 2: '타일형 피드' UI가 보여주는 매력.

    해석 3: 가장 먼저 보이는 '프로필 영역'.

    해석 4: 해시태그와 장소가 갖는 '인덱스'의 힘.

- 프릳츠는 어떻게 밀레니얼 세대에게 사랑받는 '커피 브랜드'가
됐을까? (2019.4.1)

    해석 1: 빵으로 끌어들이고 소수의 커피 마니아를 남기다.

    해석 2: 커피 브랜드 같지 않은 커피 브랜드를 만들다.

    해석 3: 프릳츠 원두를 받고 싶어 하는 동네 카페가 늘었다.

- Grammarly는 어떻게 '맞춤법 검사'로 매일 700만 명이 찾는
서비스가 됐을까? (2018.5.20)

    해석 1: 인공지능과 맞춤법 검사 도구의 만남.

    해석 2: 사용자가 영작을 하는 '모든 접점'을 노리다.

    해석 3: 맞춤법 검사기가 '학습 도구'로 역할하다.

해석을 할 때 머뭇거려지는 부분이 있다. 지나치게 주관적이지 않을까 하는 걱정이다. 내 해석에 누군가 공감할 수 있지만, 누군가는 공감하지 못할 수 있다. 하지만 어떤 대단한 비평가, 소설가, 에세이스트라 할지라도 모두에게 공감받는 것은 불가능하다. 그들도 수많은 '반대'를 견뎌낸다. 글이 모두에게 공감받지 못하는 것은 당연한 일이다. 세상에 존재하지 않는 '완벽함'에 발목을 잡히지 않았으면 좋겠다. 그저 나의 생각을 온전히 전달하는 것만으로 충분히 가치 있는 일이다.

많은 사람들이 계정을 만들어 기록 생활을 시작하고 있다. 하지만 약간 아쉬운 점은 관찰과 기록에 그친다는 것이다. 사람들이 찾아보는 콘텐츠가 되기 위해서는 반드시 나의 관점이 들어가야 한다. 그 관점에 영감을 받는 사람들이 따라올 것이다. 그렇기에 관찰과 기록에서 그치는 것이 아니라 관점을 담은 질문을 던지고 해석하는 작업까지 이어진다면, 더 많은 인기 부캐들이 등장해서 사적인 개인의 생각이 더 풍성해질 수 있지 않을까. 그런 시대가 빨리 오면 좋겠다.

프릳츠는 어떻게 밀레니얼 세대에게 사랑받는 '커피 브랜드'가 됐을까?

발행: 2019년 4월 1일 • 14.7K VIEWS

'컵을 든 물개 캐릭터' SNS와 동네 카페에서 자주 눈에 띄게 된 커피 브랜드가 있습니다. 커피에 관심 있는 분들 사이에서는 이미 유명한 브랜드이고 커피에 관심이 없더라도 핫플레이스에 관심 있는 분들이라면 한 번쯤은 가봤을 곳입니다 바로 커피 로스터리 컴퍼니 '프릳츠'입니다.

사실 저는 커알못(커피 잘 알지 못하는 사람)입니다. 그래서 커피 브랜드를 제가 다루는 것이 맞을까 하는 생각이 든 것도 사실입니다. 조금 부끄러운 이야기지만 커피 맛을 잘 구별하지 못하며 '최저 미각 기준'을 가지고 있는 저로서는 믹스 커피를 비롯한 모든 커피가 다 맛있기 때문입니다.

그럼에도 프릳츠의 인기에 대해 궁금해진 건 이들이 가지고 있는 '브랜드 파워' 때문이었습니다. 프릳츠가 다루는 업의 본질은 '커피 로스터리' 기업입니다. 좋은 원두를 수입해서 로스팅한 뒤 이를 매장에서 판매하기도 하고 일반 소비자에게 정기 배송하는 구독(subscription) 모델을 갖추고 있습니다. 이와 같은 역할을 하는 커피 로스터리 브랜드는 많습니다. 프릳츠와 같이 매장을 오픈하고 원두를 정기 배송하는 모델도 갖추고 있죠. 하지만 그 회사 자체로 하나의 브랜드가 되어 밀레니얼 세대를 열광하고 커피 문화를 선도하며 커피 문화 커뮤니티를 만드는 브랜드는 많지 않습니다. 이것이 프릳츠에 주목해야 하는 이유라고 생각했습니다.

게다가 더 중요하게 봤던 것은 프릳츠의 브랜드 파워가 결국은 그들의 업의 본질인 '커피 로스터리 사업'을 더 활발하게 해주고 있다는 것이었습니다. 프릳츠의 인기가 높아지고 팬이 생겨나자 프릳츠의 원두를 받고 싶어 하는 동네 카페가 늘어나고 소비자 역시 늘어났습니다. 프릳츠로부터 원두를 받고 카페 문 옆에 프릳츠 스티커를 붙여두는 것만으로 '이 카페, 뭘 좀 아는 카페인데?' 할 수 있게 만들었습니다. 단순한 원두 공급자(provider)에서 더 나아가 커피 문화를 이끄는 브랜드로 자리 잡아가고 있는 것입니다.

그래서 이번 포스트에서는 커피 로스터리 기업인 '프릳츠'가 어떻게 밀레니얼 세대 사이에서 힙한 커피 문화를 이끌게 되었는지, 그리고 왜 많은 동네 카페가 프릳츠의 원두로 커피를 팔고 싶어 하게 되었는지 그 이유를 주관적인 관점으로 살펴봤습니다.

빵으로 끌어들이고 소수의 커피 마니아를 남기다

프릳츠 인스타그램을 들어가보면 프로필에 이 한 줄로 브랜드 설명이 되어 있습니다. '빵과 커피', 이 두 단어가 프릳츠에 대한 설명 전부입니다. 그들이 자신있게 내미는 것이 무엇인지 간단하게 표현했다는 생각이 들면서도 저는 이상하게 수식어 없는 이 단어에서 강한 자신감을 느낄 수 있습니다.

프릳츠를 가보신 분들의 후기를 들으면 대부분 공통적으로 이렇게 말합니다.

"커피가 정말 맛있다. 근데 빵도 진짜 맛있다."

프린츠는 커피 로스터리 기업으로 '커피 맛집'이기도 하지만 '빵 맛집'으로도 유명합니다. 실제로 인스타그램에서 #프린츠 태그를 살펴보면 '커피 반 빵 반'일 정도로 빵을 좋아하는 사람들의 '성지'로 불리고 있습니다. 심지어 다 팔려 사먹지 못한 빵에 대한 한탄을 눈물 이모지로 표현한 게시물도 어렵지 않게 발견할 수 있습니다. 매대에 진열되자마자 순삭되는 빵이 바로 프린츠의 빵입니다.

이렇게 커피도 맛있지만, 빵도 맛있는 곳이 된 이유는 프린츠의 창업자 구성을 살펴보면 알 수 있습니다. 프린츠는 총 5명의 창업자가 공동으로 세운 회사입니다. SJ 리브레 출신의 그린빈 바이어 김병기, 김도현 로스터, 박근하 바리스타, 엘 카페 출신의 송성만 바리스타, 제빵업계에서 천재 소리를 듣는 허민수 셰프가 공동으로 창업했죠. 커피 업계에서는 이들을 '어벤져스'라고 부릅니다.

프린츠에는 좋은 원두를 수입할 수 있는 바이어가 있고, 이를 로스팅할 수 있는 전문가가 있습니다. 로스팅한 원두를 맛있게 내릴 수 있는 바리스타가 있고 커피와 함께 먹으면 좋은 디저트(빵)를 만들 수 있는 셰프가 함께 구성되어 있죠. 결국 최상의 커피와 최상의 빵이 나올 수밖에 없는 '맨파워'가 프릳츠의 상품을 훌륭하게 만든 것입니다. 베이커리 1등과 커피 1등이 만났으니 '빵과 커피' 그것 하나만으로 프릳츠에 대한 설명은 충분합니다.

제가 인상 깊었던 건 프릳츠가 다른 커피 로스터리 브랜드보다 '빵'에 더 적극적인 자세를 보이고 있다는 것입니다. 보통의 커피 로스터리 기업은 베이커리에 이렇게 주목하지 않습니다. 커피 하나로 승부를 보거나 디저트를 제공하더라도 그저 커피의 부가적인 상품으로 보는 경우가 많습니다. 빵집 맛집이 아닌 '커피 맛집'으로 불리고 싶은 업에 대한 고집과 충실함도 한몫합니다.

하지만 프릳츠는 처음부터 '베이커리'를 중점적으로 밀었습니다. 이는 커피를 좋아하는 사람보다 더 넓은 타깃의 고객을 끌어들일 수 있었습니다. 커피만 좋아하는 사람보다는 커피를 좋아하거나 빵을 좋아하는 사람을 끌어들이는 것이 모객 효과가 더 크기 때문입니다. 커피 맛집이 줄을 서는 것보다 빵집 맛집이 줄을 서는 경우를 더 많이 볼 수 있는 것도 결국 커버리지의 문제입니다. 얼마나 더 많은 타깃까지를 상대할 수 있는지가 브랜드를 확장하는 데 굉장히 중요하기 때문입니다.

또한 인스타그램 시대의 혜택을 프릳츠는 톡톡히 누렸습니다. 커피로는 인스타그램에 올리고 싶은 사진을 찍거나 팔로워로부터 크게 관심 받을 수 있는 사진이 나오기 쉽지 않습니다. 커피는 '마셔봐야' 그 차이와 진가를 알 수 있기 때문이죠. 하지만 빵은 전혀 다릅니다. 빵은 보이는 것에서부터 셔터를 누르는 힘이 있습니다. 맛도 중요하지만 보이는 것으로 고객을 사로잡고 그 차이가 히트 상품을 만들어내기도 합니다. 사람들은 빵을 보며 셔터를 눌렀고 함께 시킨 커피의 맛에 놀라며 함께 사진을 찍었습니다. SNS에 #프릳츠 태그를 달아 올렸고 독특한 매장 인테리어와 뉴트로 브랜드 아이덴티티에 눈길이 가며 더 많은 사람을 끌어모았습니다. 즉, 빵으로 인스타그램에서 가치 있는 사진(Instragram Worth Photo)을 찍을 수 있는 '매개체'를 제공하면서 각각의 고객이 프릳츠의 마케터가 되는 흐름을 만들었습니다.

결국 각 업계의 전문가들이 만나 최고의 상품(빵, 커피)을 만들어냈고 커피 로스터리 기업이라도 '커피'라는 제한적인 카테고리에서 묶여 있는 것이 아니라 다채로운 베이커리도 중점적으로 선보였습니다. 맛있는 빵집으로 보통의 사람을 모았다가 맛있는 커피로 '커피 마니아'를 만드는 효과도 거뒀습니다.

커피의 맛을 제대로 구별하고 좋은 원두를 정기 구독까지 해서 먹는 타깃층은 적을 수밖에 없습니다. 처음부터 이들만을 데려오려고 했다면 프릳츠가 이렇게까지 뜨지는 못했을 것입니다. 대부분의 사람이 좋아하는 것으로 우선 끌어들인 뒤 커피 맛을 깨달은 소수만 남기는 전략이 프릳츠에서 통했던 것입니다.

 # 커피 브랜드 같지 않은 커피 브랜드를 만들다

프릳츠를 처음 보면 '커피 브랜드'라는 생각을 하기 쉽지 않습니다. 우선은 낯선 '프릳츠'라는 한글. 커피 브랜드라면 고급스러운 느낌이 물씬 풍기는 영어로 이름을 지었을 것 같은데 의외라는 생각을 하게 됩니다. 게다가 잘 쓰지 않는 ㄷ받침을 보면서 오타가 아닌가 하는 생각마저 들게 하죠. 둘째는 70-80년대의 한국에서 봤을 법한 타이포그래피와 조형 요소로 만들어진 레트로풍 디자인입니다. 여기서 커피 브랜드의 일반적인 범주에서 더 벗어나게 됩니다. 커피 브랜드가 아니라는 생각에 화룡 점정을 찍는 것은 바로 물개 캐릭터. 프릳츠를 상징하는 앙증맞은 물개를 보면서 '이건 확실히 커피 브랜드가 아니다'라는 결론을 내리게 됩니다.

일반적인 '커피 브랜드' 법칙을 모두 거부한 프릳츠는 그 어떤 커피 브랜드보다도 밀레니얼 세대의 환영을 받고 있습니다. 특히 앙증맞은 물개 캐릭터에 보이는 관심은 그야말로 대단합니다. 이 물개가 들어간 굿즈를 구매하기 위해 매장 앞에서 긴 줄을 서기도 하고 다른 브랜드와의 콜라보레이션으로 나온 리미티드 에디션을 구매하기 위해서 치열한 경쟁도 불사합니다. 매장 곳곳에서 발견한 물개 캐릭터를 찍어서 SNS에 올리기도 하고 이곳에서 구매한 물개 스티커를 노트북에 붙여 '프릳츠 멤버'로서 자기 자신을 어필하는 용도로까지 활용합니다.

밀레니얼 세대가 프릳츠에 열광하는 이유는 평범함을 거부했기 때문입니다. 커피라고 하면 꼭 고상해야 하고 고급진 느낌으로 무거움과 진지함을 보여줘야 한다는 고정관념을 확실히 깨준 브랜드가 바로 프릳츠이기 때문입니다. '우리 커피가 최고야' '우린 고급스러운 커피 문화를 지향해'가 아니라 '그냥 즐기면 돼!'라고 어필하는 파격적인 커피 브랜드에 밀레니얼 세대는 새로움을 느꼈고 언제든지 이 커피 브랜드가 만드는 커뮤니티에 들어갈 의지가 생기게 된 것입니다.

'물개' 캐릭터의 탄생 배경을 들으면 그들이 추구하는 브랜드 가치를 더 느낄 수 있습니다. 프릳츠 컴퍼니의 소속 디자이너가 회사 대표와 로고에 대해 이야기하던 중 나온 '커피와 전혀 상관없는, 심지어 물개가 나와도 상관없다'는 말 한마디에 물개가 회사의 로고가 되었다고 합니다. 즉, 프릳츠는 '커피와 전혀 상관없는 브랜드'를 만들고 싶었습니다. 이미 자리 잡고 있는 무겁고 진지한 커피 브랜드를 똑같은 무거움과 진중함으로 상대할 수 없다는 것을 잘 깨닫고 있었습니다. 또한 맛있는 커피가 경제력 있는 중장년층이 즐기는 소유물이 아니라 밀레니얼 세대도 얼마든지 즐기는 '캐주얼 상품'이 될 수 있다는 것을 알고 있었고, 그렇게 '즐기는 브랜드'로 프릳츠를 만들었으며, 결국 밀레니얼 세대에게 통했습니다.

 # 프릳츠 원두를 받고 싶어 하는 동네 카페가 늘었다

얼마 전 동네의 한 카페를 처음으로 들렀습니다. 음료를 주문하려고 카운터로 다가갔는데 친숙한 캐릭터 하나를 만나게 되었습니다. 바로 컵을 든 물개 캐릭터, 프릳츠 스티커였습니다. 알고 보니 이 카페는 프릳츠로부터 원두를 받아 커피를 제공하고 있는 카페였고 그 의미로 프릳츠 스티커를 카운터 옆에 붙여 두었던 것입니다.

제가 이 스티커를 보고 처음 들었던 생각은 무엇일까요? 첫째는 반가움이었습니다. 자주 가는 프릳츠를 전혀 생각지 못한 곳에서 만나니 정말 반가웠습니다. 마치 프릳츠 매장에 온 것 같은 느낌이었다고나 할까요? 여기서 우선 이 동네 카페에 대한 호감도가 올라갔습니다.

이어서 연결된 생각은 '이곳 커피 맛은 보장할 수 있겠네'였습니다. 프릳츠에서 먹어본 커피의 맛을 떠올리면서 그 경험이 처음 와본 이 동네 카페의 커피 퀄리티를 상상할 수 있게 해준 것입니다. 프릳츠에서의 좋았던 경험이 처음 와보는 카페에 대한 경계심을 풀게 해줬습니다.

그 다음 든 생각은 '이 카페 힙한 곳인데?'였습니다. 밀레니얼 세대에게 힙한 카페로 유명한 프릳츠는 아직까지는 알 만한 사람만 아는 정도에 그치고 있습니다. 그런데도 이 브랜드의 원두를 받아 커피를 만든다고 하니 뭘 좀 아는 카페 같다는 생각이 들었습니다. 은연중에 사장님은 어떤 감각적인 분일까 하는 생각에 흘겨보기도 했고요. 이런 생각들이 이어져 결국 제가 주문한 것은 커피. 처음 마셔보고 했던 말은 '역시 프릳츠네'였습니다.

동네 카페에서 프릳츠를 경험한 계기로 프릳츠의 커피 로스터리 사업에 대해서 다시 생각해보게 되었습니다. 결론은 프릳츠의 전략이 참 똑똑하다는 것이었습니다. 프릳츠는 커피 로스터리업이 본질이기에 정기 배송이나 카페에 원두 제공하는 일이 최우선입니다. 하지만 원두가 훌륭하고 커피가 맛있는 로스터리 기업은 이제 많아졌습니다. 그것만으로는 전국의 동네 카페들이 원두 소싱 조건으로 삼지 않습니다. 원두 맛은 상향 평준화되었기 때문입니다.

프릳츠가 겨냥했던 것은 최상의 원두와 함께 '최고의 브랜드 경험'이었습니다. 프릳츠가 매장을 3곳이나 운영하고 각 매장에서 커피와 빵을 팔며 퍼블릭 커핑 클래스를 무료로 진행하는 것은 '프릳츠'라는 브랜드 파워를 쌓기 위함이었습니다. 이곳에서 쌓은 '프릳츠'에 대한 좋은 경험이 프릳츠 원두를 받는 동네 카페를 만났을 때 연결되게 됩니다. 카페에 대한 호감, 맛에 대한 신뢰, 왠지 힙할 것 같은 느낌이 '프릳츠' 스티커 하나로 만들어집니다. 자연스럽게 뜨고 싶은 트렌디한 가게는 '프릳츠' 원두에 관심을 가지게 됩니다. 인증 스티커 하나로 순식간에 핫플레이스 느낌이 될 수 있기 때문입니다.

제가 만약 카페를 차려서 원두를 받아야 한다면 당연히 프릳츠 원두를 받을 것입니다. 최고의 원두라는 점은 말할 것도 없고 프릳츠의 브랜드 파워를 제 카페에서도 누릴 수 있기 때문입니다. 제가 동네 카페에서 프릳츠 스티커를 보고 들었던 생각을 제 카페에 온 다른 고객들도 하길 원하는 거죠. 마치 '프릳츠 ○○지점' 같은 역할을 해보고 싶은 생각이 들 것이고 매장 곳곳에 '저희 가게는 프릳츠 원두를 사용합니다'라고 적극적으로 알릴 것입니다. 제 카페가 결코 프릳츠는 될 수 없겠지만 프릳츠의 브랜드 파워에 힘입어 프릳츠처럼 힙한 카페로 만들어 볼 수는 있기 때문이죠.

프릳츠 입장에서는 어떨까요? 프릳츠는 한 푼 들이지 않고 자신들의 문화를 이해해주고 결이 비슷한 동네의 힙한 카페들을 통해 마치 가맹점을 늘리는 것과 비슷한 효과를 거둘 수 있습니다. 힙한 동네 카페가 힙한 브랜드의 원두를 받으니 그 힙함이 2배가 되는 것이죠. 힙한 동네 카페의 힘을 프릳츠가 역으로 받기도 하고요.

이 때문에 요즘 프릳츠 원두를 받고 싶어 하는 동네 카페들이 늘어나고 있다고 합니다. 아래 전국의 카페들이 프릳츠 원두를 납품 받으면서 이를 적극적으로 홍보하는 이유는 모두 '프릳츠'의 브랜드 파워 덕분입니다. 일명 '프릳츠 효과'라고도 업주 사이에서는 불린다고 하는데요. 심지어 제가 자주 가는 카페는 앤트러사이트 원두에서 프릳츠 원두로 변경까지 했습니다. 이 카페는 곧바로 프릳츠 인증 스티커를 붙였고 그랬더니 젊은 층의 주문이 확실히 더 늘었다고 합니다. '어? 프릳츠네?' 알아차리곤 주변 동료들에게 설명을 해주는 사람도 여럿 있다고 하고요. 자체적인 브랜드를 키우자 이 브랜드의 커피를 받고 싶어 하는 카페가 늘었고 결국 업의 본질에도 충실하게 되었습니다.

마치며

커피를 잘 알지 못하는 제게 좋아하는 커피 브랜드가 생겼다는 것 자체가 신기했습니다. 그러곤 궁금했습니다. 이 브랜드는 어떤 매력을 가졌기에 커피에 관심이 없던 저도 애정하는 브랜드가 되었을까 하고 말이죠.

그 이유를 다시 정리해보면 일반적인 커피 브랜드 같지 않은 커피 브랜드라 호감이 갔습니다. 커피 브랜드를 이렇게 정의하고 이렇게 표현할 수도 있구나라는 생각이 들었죠. 커피 문화가 그저 어렵고 가진 분들이 향유하는 고급 취미라는 생각이 있었는데 이 생각을 깨준 브랜드가 바로 프릳츠입니다. 커피에 대한 허들을 낮춰줬다고 할 수 있죠.

프릳츠의 브랜드 파워가 커질수록 전국 곳곳에서 프릳츠의 원두를 취급하는 동네 카페가 많아질 것으로 보입니다. 어차피 원두를 받아야 한다면 가급적 '있어 보이는' 브랜드의 원두를 받고 싶어 하지 않을까요? 프릳츠 스티커 한 장이 어떤 효과를 불러올 수 있는지 제가 직접 체감했고 주변의 많은 같은 세대의 친구들이 경험하고 있습니다. 앞으로 왠지 프릳츠 스티커가 붙어 있는 카페를 더 자주 발견하게 될 것만 같습니다.

* 사진이 포함된 전문은 생각노트 홈페이지에서 확인하실 수 있습니다.

무엇이든 '나누자'는 다짐을 하게 된 이유

**Think
Note**

생각노트의 가장 중요한 원칙은
'공유'이다.

나누는 것, 그 본질에 충실하다.

생각노트 브랜드를 시작하며 정했던 세 가지 핵심 운영 원칙이 있다. 바로 생각, 기록, 공유이다. '치밀하게 생각하고, 꼼꼼하게 기록해서, 필요로 하는 많은 사람들과 나누자'는 지금까지 생각노트를 운영하며 지켜온 나름의 철학이다.

그중에서도 사적인 생각이 콘텐츠가 되기 위해 가장 중요한 건 '공유'다. 나의 생각과 기록을 나 혼자 가지고 있으면 콘텐츠라고 할 수 없다. 뭐가 됐든 세상에 내놓아야 콘텐츠가 될 수 있고, 다른 사람들과 나눠야 콘텐츠가 될 수 있다. 그래서 어떤 생각과 기록이라도 열심히 공유하겠다는 의지는, 사적인 생각을 콘텐츠로 만들기 위해 가장 필요하다.

공유의 가치는 피드백의 기회에 있다. 공유를 시도하고, 꾸준히 공유하다 보면 '반응'이 생긴다. 이 반응을 통해 내 기록의 가치와 가능성에 대해 가늠해볼 수 있다. 그러면서 자연스럽게 내 색깔이 나올 수 있고, 내가 잘 기록하는 분야가 무엇인지도 알아낼 수 있다. 이렇게 나의 기록이 점점 '콘텐츠'로 만들어진다.

지금은 볼 것이 참 많아진 시대이다. 나만 해도 구독하고 있는 멤버십 서비스가 열 가지가 훌쩍 넘는다. 이렇게 볼 것이 많아진 콘텐츠 시장에서 내 생각과 기록이 눈에 띄는 건, 과거보다 더 어려워졌다. 결국은 계속 내 생각과 기록을 공유하면서 콘텐츠로 그 가치를 증명받는 방법밖에 없다. 그러기 위해서는 꾸준히 내 기록을 기꺼이, 아끼지 않고 나누겠다는 '공유 정신'

이 기본적으로 깔려 있어야 한다.

나도 최대한 많은 것을 공유하려고 한다. 블로그를 운영하면서 든 생각과 시행착오를 기록하는 블로그 운영 일기, 여행을 준비하는 전 단계를 꼼꼼하게 기록한 여행 준비 일지, 한 편의 글이 나오기까지의 과정을 다룬 블로그 글쓰기, 구독하고 있는 뉴스레터, 다이어트할 때 쓰는 앱까지, 어찌보면 과할 정도이다.

하지만 이런 것들의 '공유'가 지금의 생각노트를 만들었다. 나의 이런 기록을 본 사람들이 '생각하는 사람', '영감을 좋아하는 사람', '인사이트를 나누는 사람'이라는 확실한 색채로 나를 기억했고, 내 기록을 콘텐츠로 여겨주는 팬을 모을 수 있었다. 결국 '공유' 덕분에 생각과 기록이 누군가에게 닿아 완성됐고, 생각노트라는 브랜드가 성장할 수 있었다고 확신한다. 그리고 앞으로도 많은 것을 공유하기 위해 고민하고 노력할 것이다.

N잡을 하려면
시간을 어떻게 써야 할까?

직장에 다니면서 매주 글도 쓰고,
뉴스레터를 발송하며
퍼블리에 디지털 리포트를 발행하고
책도 출간했다.

그래서인지 생각노트 시간 관리법을
궁금해하는 분들이 많다

생각노트를 시작한 이후 오프라인에서 나를 공개하고 불특정
다수를 만난 적이 딱 두 번 있었다. 두 번 모두 퍼블리에서 펀
딩한《도쿄의 디테일》이벤트에 포함된 독자와의 만남이었다.
익명으로 활동하고 있기에 이 만남을 펀딩에 포함시킬지 말지
고민이 됐다. 하지만 독자들이 나의 어떤 점을 궁금해하는지

알고 싶은 호기심에 제안을 수락했다.

그런데 두 번의 만남에서 공통적으로 나온 질문이 있었다. 바로 나의 시간 관리법이다. 직장을 다니면서도 매주 글을 쓰고, 뉴스레터를 발송하고, 거기에 디지털 리포트까지 발행하니, 어떻게 시간 관리를 하는지 궁금하셨던 것 같다.

대답은 그때도 그렇고 지금도 그렇듯, '음…'으로 시작한다. 이 질문을 들으면 어떤 대답을 드려야 할지 조금 막막해진다. 누구나 '와우' 할 만한 '특별한 시간 관리법'은 없는 것 같기 때문이다.

이 꼭지를 쓰기 시작하면서 다시 한 번 곰곰이 돌이켜봤다. 내가 시간을 어떻게 쓰고 있는지, 그리고 나의 루틴이 어떤지에 대해서 말이다. 그렇게 생각한 결과 두 가지 키워드가 나왔다. '나만의 시스템'과 '생산성 도구'였다.

하루에 최소 8시간을 일한다. 거기에 집과 회사를 오가는 출퇴근 시간, 출근을 준비하는 시간과 회사를 다녀와 저녁을 먹는 시간까지 합치면 하루 11시간 이상은 본업에 시간을 쏟고 있다. 어떤 분들은 퇴사를 한 뒤 차라리 생각노트에 집중해도 괜찮지 않겠냐고 물어보시기도 한다. 물론 생각해본 적은 있다. 글을 쓰고, 책을 읽는 삶을 살고 싶은 바람이 크다. 하지만 나는 일하는 것이 여전히 재밌다. 생각노트에서만 얻을 수 있는 즐거움과 마찬가지로, 본업에서만 얻을 수 있는 커다란 규모의 성취감이 있다.

그래서 본업과 생각노트, 이 둘을 동시에 하기 위해서는 최대한 내 시간을 효율적으로 잘 써야 한다. 물리적으로 내가 생각노트에 쏟을 수 있는 시간은 퇴근 뒤 3시간 남짓, 그리고 주말뿐이다. 게다가 주말에 집에만 있는 것도 아니고, 친구를 만나고, 휴식을 취하고, 취미 생활을 하기도 하니 얼추 일주일에 생각노트를 위해 쓸 수 있는 시간은 15시간 남짓이다.

이 한정된 시간에 최대한 좋은 퍼포먼스를 내는 것이 중요했다. 물론 처음부터 지금 하는 모든 것을 할 수는 없었다. 처음에는 매주 블로그에 글을 쓰는 것만으로도 벅찼다. 그러다 시간이 지나 더 효율적으로 빠르게 글을 쓸 수 있게 되었고, 그만큼 새로운 시간이 만들어졌다. 새로 생긴 시간에 뉴스레터를 쓰기 시작했다. 뉴스레터가 몸에 익자 또 새로운 시간이 만들어졌다. 그 시간에 페이스북을 새롭게 시작했고, 이와 같은 패턴으로 트위터, 인스타그램으로 확장해나갔다.

이런 일이 가능했던 가장 큰 힘은 '루틴화'이다. 습관으로 자리 잡히면 처음 걸리는 시간보다 훨씬 더 짧은 시간으로도 같은 퍼포먼스를 낼 수 있다. 처음에는 3시간 걸렸던 일이, 습관이 되면 1시간으로 줄어드는 것이다. 그럼 새로 생긴 2시간에 새로운 일을 할 수 있다. 습관으로 만들어 효율성을 높이는 과정을 '나만의 시스템을 만든다'라고 정의했고, 이 시스템의 최적화를 위해 끊임없이 개선해나갔다.

예를 들면 글을 쓸 때를 예시로 들면 이런 식이다. 나의 글쓰기 과정을 생각해본다. 그러면 크게 총 다섯 단계로 나눌 수 있다. '소재 - 개요 - 1차 글쓰기 - 2차 글쓰기 - 퇴고'이다. 공장에서 높은 생산성을 위해 공정을 효율적으로 설계하듯, 내 글쓰기 과정을 효율적으로 진행하기 위한 프로세스를 설계했다.

글 소재는 소재 아이디어가 생각 날 때마다 〈노션〉이라는 생산성 앱에 기록해둔다. 글로 다뤄보고 싶은 주제는 모조리 이곳에 기록한다. 그중 이번 주에 쓰고 싶은 글은 일요일 저녁까지 최종으로 결정한다. 그 뒤, 수요일까지는 글의 핵심 메시지와 개요를 작성한다. 이를 토대로 목요일까지 글의 절반을 쓰고, 토요일까지 글의 나머지 절반을 쓴다. 그리고 일요일 오전에 글을 다시 한번 퇴고한 뒤, 최종 발행한다. 그런 뒤 다시 다음 주 글 소재를 선택한다.

이렇게 글 쓰는 과정 전체를 단계별로 나눴고, 각 단계별 마감일을 정해 루틴이 될 수 있도록 했다. 지금은 몸에 밴 루틴이지만, 처음에는 벅찬 루틴이었다. 퇴근하고, 주말에 쉴 때 글을 쓰는 것에만 집중했다. 하지만 6개월, 1년이 지나면서 글쓰는 시간이 물리적으로 줄어들기 시작했고, 원래라면 글을 썼을 시간에 다른 것을 할 수 있게 되었다. 모든 것이 '나만의 시스템'을 만든 덕분이었다.

시간을 압축해주는 도구는
어떤 것이 좋을까?

**Think
Note**

생산성 앱을 매우 많이 쓰는 편이다.

생산성 앱을 사용하면 행동을 패턴화할 수 있기 때문에
시간의 공백이 줄어든다.

각각의 상황에 따라 최적화된 앱을 활용하고 있다.
그중 아홉 가지를 소개한다

내 시스템을 효율적으로 만드는 데 가장 큰 공헌을 한 건 '생산
성 도구'이다. 내가 좋아하는 단어 중 하나는 바로 '생산성'이라
는 단어다. 스마트폰에 깔려 있는 앱 중에서도 생산성 카테고
리 앱이 제일 많다. 노트계의 절대강자 〈에버노트〉, 올 인 원 워
크 스페이스All in one work space 〈노션〉, 투 두 리스트To do list 1등

앱〈Things 3〉등의 생산성 앱이 스마트폰 첫 화면을 가득 채우고 있다.

이런 생산성 도구를 쓰면 '나만의 시스템' 최적화에 큰 도움을 받을 수 있다. 앞에서 말했던 것과 같이 글 소재를 모으고 프로세스를 직관적으로 확인하기 위해〈노션〉을 쓰고 있다. 뉴스레터에 들어가는 뉴스 콘텐츠와 자료는〈에버노트〉의 클리핑 기능을 통해 자투리 시간마다 긁어모은다. 긴 목차가 필요한 책을 쓸 때는 불릿 형식으로 써 내려갈 수 있는〈워크플로위〉를 통해 개요를 쓰고, 실제 글을 쓸 때는 '구글 문서'를 통해 노트북-태블릿-스마트폰을 동기화하며 어디에서나 쉽게 글을 쓸 수 있는 환경을 만들었다.

새로운 생산성 서비스가 보이면, 시스템 개선에 나서보기도 한다. IT회사에서 일하고 있어서인지 새로운 IT 서비스를 이용하고, 나의 것으로 만들어보는 것을 즐기는 편이다. 작가를 위한 에디터 프로그램인〈스크리브너〉를 통해 책 원고를 써보기 시작했고(무려 6만 원이나 하는 프로그램이다. 하지만 그만한 가치가 충분히 있다는 것을 단 2시간 사용해보고 알았다) 아이패드와 애플펜슬 그리고〈굿노트〉앱을 통해 손으로 글을 써보는 시도를 하고(이렇게 하면 더 잘 써질 때가 있다), 컴퓨터와 동기화하여 구글 문서에 타이핑하기도 한다. 운동을 하다가 아이디어가 떠오르면 애플워치 〈저스트 프레스 레코드〉앱을 통해 목소리로 아이디어를 녹음해두고 이를 다시 받아 적어 콘텐츠로 만들기도 한다.

회사를 다니면서 생각노트를 꾸준히 할 수 있었던 건, 나만의 시스템을 만들어서 루틴화를 했던 것, 그리고 생산성 서비스를 적극적으로 도입하고 끊임없이 프로세스를 개선하여 '생산성'을 높인 덕분이다. 시간이 부족하다면 제한된 시간을 최대한 쥐어짜야(!) 한다고 생각했고, 시스템과 생산성 서비스는 없던 시간을 쥐어짜줬다. 그리고 손이 다소 빠른 것도 한몫 했을 것이라 생각한다 (회사에서 손이 빠르다는 말을 꽤 듣는다). 단, 예외도 있다. 바로 원고 쓰기다. 책 원고 쓰는 건 아무리 빨리 쓰려고 해도 빨라지지 않는다. 다음에는 책 원고 빨리 쓰는 법을 시스템으로 만들어봐야겠다.

내가 사용하는 생산성 서비스

- **메모**: 기본 메모 앱. 최고의 접근성으로 빠르게 기록할 수 있는 서비스.
- **에버노트**Evernote: 웹 클리핑 및 뉴스레터 아카이빙.
- **노션**Notion: 블로그 글 소재 관리와 책 리스트를 아카이빙.
- **Things 3**: 오늘 할 일을 정리. 아이폰, 아이패드, 맥북 동기화.
- **워크플로위**workFlowy: 책 개요 쓸 때 사용하는 프로그램. 불릿(Bullet)으로 뼈대를 잡을 수 있어서 좋음.
- **스크리브너**Scrivener3: 책 쓸 때 사용하는 에디터 프로그램. 글쓰는 사람에게 최적화되어 있음.
- **딥워크**: 집중력을 필요로 하는 작업을 할 때 가동.
- **굿노트**GoodNotes: 손으로 메모하거나 아이디어를 정리할 때 사용하는 아이패드 앱.
- **저스트 프레스 레코드**Just Press Record: 목소리로 아이디어를 녹음해둘 때 사용하는 앱.

번아웃 조심!

Think
Note

생각노트의 일이 늘어나고
부담감이 커지면서
'번아웃'이라는 먹구름이 몰려왔다.

휴식을 취하면서
그간의 실수를 복기해야 했다.

《도쿄의 디테일》을 종이책으로 내고, 그 다음 프로젝트로《교
토의 디테일》을 준비하고 있을 때였다. 잘 즐기고 있던 부캐
생활에 위기가 찾아왔다. 더 이상 생각노트가 즐겁게 느껴지
지 않은 것이다.《도쿄의 디테일》이 기대 이상으로 좋은 반응
을 얻고, 이로 인해 '기대감'을 안고 내게 다가오는 분들이 많

아졌다. 그러면서 그 기대에 부응해야겠다는 생각으로 인해 부담감을 느끼기 시작했다. 새 책을 내자는 출판사의 제안도, 다음 '디테일' 시리즈는 무엇인지 묻는 질문도, 새롭게 무엇을 하고 싶은지 묻는 질문도 모두 부담스러웠다. 생각노트는 그저 나 재밌자고 했던 것이었는데, 어느새 '일'이 되어버리고 있었던 것이다.

부캐가 일이 되어버린 후 에너지는 빠르게 소진됐다. 본업을 마치고 퇴근하면, 부캐로 진행하는 새로운 프로젝트를 기간 내에 마감하느라 얼마 남지 않은 에너지를 쏟아내야 했다. 거기에 원래 하고 있던 생각노트 부캐 생활도 함께 운영하다보니 그야말로 몸이 열 개라도 부족한 지경에 이르렀다. 서서히 내게 '번아웃'이라는 먹구름이 몰려왔다. 몸에서도 징후가 나타나자 '이러다가 진짜 큰일나겠다'라고 생각했다. 그래서 선언했다. 잠시 쉬겠다고 말이다.

그렇게 블로그와 뉴스레터를 잠시 쉬기로 했다. 이 시간을 우선은 책을 쓰는 데 사용하기로 했다. 솔직히 말하면 처음에는 다 챙겨서 할 수 있을 줄 알았다. 하지만 여행을 다녀와서 이를 기록하는 것과, 새로운 어젠다를 꺼내 에세이를 쓰는 것은 완전히 다르다는 것을 이번 경험을 통해 절실히 배웠다. 나도 여전히 경험이 많이 부족하다. 하나씩 배우면서, 다음 번에는 같은 실수를 반복하지 말자고 다짐할 뿐이다.

잠시 쉬면서 블로그와 뉴스레터로 구독자를 매주 만나지 못한 건 정말 아쉬운 일이었다. 약속을 지키지 못한 것 같아 죄송한 마음이 가득했다. 뭔가를 써야 하는 활동에 쓸 수 있는 에너지가 제한되어 있다는 것을 새삼 깨달았다. 책을 다 쓰고 나면 다시 블로그와 뉴스레터에 다시 집중할 예정이다.

그렇다고 생각노트를 아예 접은 것은 아니었다. 롱폼 콘텐츠 대신 숏폼 콘텐츠에 집중하기로 했다. 그래서 택한 채널이 인스타그램이다. 텍스트를 기반으로 한 콘텐츠로 이미지 중심의 채널에 도전했다. 인스타그램용 오리지널 콘텐츠를 만들기도 했고, 스토리를 활용한 숏폼 콘텐츠에 도전하기도 했다. 그 결과 생각노트 부캐를 좋아해주는 분들 중 가장 많은 분들이 모여 있는 곳으로 성장했다.

또한 부캐 생활의 재미를 다시 찾은 것도 소득 중 하나다. 힘들 때는 잠시 쉬는 것도 나쁘지 않다는 것, 가장 중요한 것은 '나를 지키는 일'이라는 것을 느꼈다. 또한 욕심 내서 모두를 붙잡을 수는 없다는 것을 배웠고, 우선 순위가 필요하다는 것을 깨달았다. 그래서 이제는 제안도 정중하게 거절할 줄 알게 됐다. 거절을 잘 못하는 성격의 내가 거절을 하게 된 건 다시 창작의 재미를 찾기 위한 방법이었다.

'꾸준히 해야지', '성실하게 해야지'는 정말 좋은 마인드다. 이 힘이 생각노트를 만들어줬다. 부족한 내게 많은 분들이 보여준 관심은 이 힘에서 비롯됐다. 하지만 스스로를 힘들게 하거나 죄책감을 느끼게 한다면 지속할 수 없다는 것을 소중한 경험으로 배웠다. 지속이 힘들면 쉴 수도 있고, 사정이 있다면 잠시 내려놓아도 된다. 아예 끊는 것보다, 차라리 이 방법을 선택하는 것이 낫다. 오래 가기 위해서는 쉼표가 반드시 필요하다.

퇴근 전, 퇴근 후의 내가
서로를 기르는 방법

**Think
Note**

생각을 담은 기록은 포트폴리오가 된다.

평소에 모은 레퍼런스는
실무에서도 순발력 있는 아이디어를 던져주며,
어떨 때는 발제가 되기도 한다.

퇴근 후 본업과 단절할 수 있는 건 덤이다.

생각노트를 시작하면서 한 가지 궁금증이 있었다. '생각노트'
가 본업에 도움이 될까? 하는 생각이었다. 회사 생활에 지쳐
생각노트를 시작한 것이지, 일이 싫어서 생각노트를 시작한
것은 아니었다. 여전히 마케팅, 그리고 기획이라는 일이 재미
있었고, 더 빠르게 성장하고 싶다는 생각이 간절했다. 그래서

생각노트를 하는 시간에 커리어에 더 많은 시간을 투자하거나, 직무 관련 학습을 하는 것이 낫지 않을까 싶었다. 하지만 5년이 지나고 느낀 건, 생각노트의 기록이 확실히 본업에 도움이 된다는 것이다.

가장 먼저, 포트폴리오가 된다. 생각노트를 하면서 이직 제안을 많이 받았다. 익명으로 활동하기에 내가 어떤 회사에서, 어떤 서비스에서, 어떤 일을 하는지 모르지만 '생각노트'라는 이름으로 만든 콘텐츠 하나만 보고 잡 오퍼를 준 것이다. 생각노트는 나를 설명할 수 있는 또 하나의 포트폴리오가 되어 있었다.

운이 좋게도, 신입 사원을 뽑는 채용에 참여한 적이 있다. 그때 눈길이 갔던 지원자는 블로그를 하는 사람, 웹사이트를 가진 사람, 사이드 프로젝트를 온라인화한 사람이었다. 모집 부서가 전공과 연결된 지원자도 있었지만, 전공과 아예 다른 영역에서 프로젝트를 했던 지원자도 있었다. 나는 오히려 이런 지원자에게 더 눈길이 갔다. 내가 좋아하는 것을 '프로젝트'로 만들 수 있고 해본 적이 있기 때문이었다. 이런 지원자들이 회사에 들어온다면, 당신이 좋아하는 것으로 서비스를 만들 수 있을 것이다.

결국 그들의 블로그, 웹사이트, 사이드 프로젝트는 그들의 또 다른 포트폴리오였다. 지원서 이력 몇 줄, 획일화된 질문에 몇 백 자 내외로 적은 글보다, 한 줄의 URL이 더 눈길을 끌었고, 그들을 더 제대로 설명해주는 것 같았다.

나의 생각을 기록하고 공유하는 '기록 생활'은 포트폴리오가 된다. 어쩌면 진짜 나를 설명해주는 포트폴리오가 될 수 있다. 회사에서의 프로젝트는 나의 힘만으로 되는 경우가 적다. 큰 회사라면 돈이 많을 테고, 조직이 클 테고, 그렇다면 프로젝트 의 규모도 클 것이며, 성공 확률도 높아진다. 하지만 이것을 모 두 내가 했다고 할 수 있을까. 그렇지 않다고 생각한다.

그런 점에서 나의 '기록 생활'은 순수한 나의 힘을 보여줄 수 있는 좋은 기회이다. 나의 역량이 어디까지인지를 객관적으로 보여줄 수 있다. 점점 더 이직 제안 메일이 잦은 주기로 여러 회사에서 오는 걸 보면, 이렇게 생각하는 회사가 점점 많아지 는 것 같아 반갑다. 본업과 부캐가 서로를 기르는 생활에 여러 분을 초대하고 싶은 이유이기도 하다.

그리고 실무의 영역에서 시야가 넓어지는 것도 장점이다. 본업만 하는 경우 본업에만 매몰되어 시야가 좁아지는 사람들이 많다. 어쩔 수 없는 일이기도 하다. 내가 분야에 전문성을 가져야 하고, 내 프로젝트가 성공하기 위해서는 계속 내 프로젝트만 볼 수밖에 없다. 그렇기 때문에 어느 순간에 돌이켜보면, 내 것만 알고 있었다는 것을 느끼게 된다.

하지만 나만의 기록 생활을 하면, 다른 곳을 의도적으로 보게 된다. 그래서 새로운 영역에도 관심을 가질 수 있다. 어떻게 보면 딴짓이지만, 이 딴짓은 본업을 더 잘 할 수 있도록 만들어줬다. 기록을 하며 알게 되었던 좋은 사례의 장점과 전략을 내 프로젝트에 접목시킬 수 있기 때문이다.

예를 들면, 듣는 서비스를 기획할 때 '점점 유튜브 레드로 무언가를 듣게 되는 이유'라는 글을 쓰면서, 유튜브가 점점 오디오 플랫폼이 되어간다는 점, '비공식' 음악 콘텐츠가 새로운 콘텐츠가 되어가고 있다는 점, 팬 메이드fan made 콘텐츠가 독보적인 큐레이션이 되어간다는 점을 발견했다. 그리고 이를 서비스 기획에 포함시켰다. 이렇듯 다른 영역에 대한 강제적인 정보 습득과 생각의 기회를 통해 본업에서의 관점을 키울 수 있었다(보다 다양한 예시로 설명드리고 싶지만 익명으로 활동하고 있어서 많은 부분을 설명 드리지 못하는 점, 너른 이해를 부탁드린다).

마지막으로 부캐는 본업의 내가 잠시 쉬어갈 수 있는 휴식처가 된다. 나는 일에 대한 생각을 늘 끌고 다니는 성격이다. 일은 회사에서 시작해 회사에서 끝나는 것이 맞는데 나는 일을 늘 들고 다녔다. 강제로 끊으려고도 해봤지만 쉽지 않았다. 친구를 만나도, 여행을 가서도, 잠시 쉴 때도 일에 대한 생각이 꿈틀꿈틀 피어올랐다.

이를 해결할 수 있는 방법이 내겐 기록 생활이었다. 생각노트가 본업의 불필요한 스트레스를 끊어내는 데 큰 도움이 됐다. 집에서 다시 노트북을 여는 순간 본업의 일이 머릿속에서 싹 사라졌다. 그러자 신기하게도 그간 스트레스로 고생하던 건강 문제도 서서히 사라졌다. 생각노트는 내가 좋아하는 것을 마음대로 하는 것이고, 본업은 내가 좋아하지만 어쩔 수 없이 부담감을 느낄 수밖에 없는 영역이다. 오로지 부담 없이 내가 좋아하는 것에 시간을 쏟기 시작하자 스트레스도 사라지고, 건강도 다시 되찾을 수 있었다.

그래서 퇴근 이후에도 일을 잊지 못해 괴롭다는 후배에게도 조그만 사이드 프로젝트를 시작해보라고 권했다. 관심사를 강제로 딴 곳으로 돌려야 비로소 멈출 수 있는 사람들이 있다. 내가 그렇고, 후배도 그랬다. 그 후배는 새로운 사이드 프로젝트를 시작했고, 일을 끊는 데 성공했으며, 사이드 프로젝트가 알려지기 시작해 큰 성취감까지 느끼고 있다. 그리고 일을 대하는 눈빛에서 다시 열정이 보였다. 기록하고 공유하는 사이드 프로젝트야말로 최고의 자기계발이라는 것을 다시 한 번 느꼈다.

2장

•

사소한 생각을
찾아보는 콘텐츠로 만들기

즐거운 기록을
계속하기 어려운 이유

아무리 나를 위한 것이더라도,
적극적으로 공유를 하기 위해서는
소소한 성취감이 필요하다.

그리고 내 콘텐츠를 향한 사람들의 관심보다
큰 성취감은 없다.

앞 장에서는 생각노트를 운영하면서 내가 평소에 중요하게 생
각했던 부분에 대해 적었다. 이제부터는 생각노트가 '사람들
이 찾아보는 콘텐츠'를 만들기 위해 겪었던 이야기를 나눠보
고자 한다. 앞서 언급했듯이, 생각과 기록을 하는 것만으로 충
분히 콘텐츠가 될 수 있다. 인스타그램을 보면 영감 계정이라

고 불리는 계정들이 점점 더 많아지고 있다. 많은 사람들이 자신만의 생각을 기록하기 시작한 걸 보면서, 내가 처음 생각하고 기록하기 시작했을 때의 설렘을 모두들 느끼고 있을지 궁금하다. 그리고 이런 분들이 더 많아져서 관점과 생각의 가치가 더 높게 평가받을 수 있는 시대가 되길 바라기도 한다.

한 가지 아쉬운 점도 있다. 오래하는 분이 많지 않다는 점이다. 그만두는 이유 대부분은 '성취감이 부족해서'였다. 성취감이 있어야 오래 할 수 있다. 더 많은 사람이 팔로잉해주고, 댓글과 관심, 피드백을 남겨줘야 할 맛이 난다.

그런 점에서 성취감을 느끼기 위해서는 우선 사람들이 내가 만든 콘텐츠를 찾아봐야 한다. 그리고 사람들이 찾아보는 콘텐츠가 되기 위해서는 나만의 콘텐츠가 필요하다. 독보적인 콘텐츠가 없으면 사람들이 찾아보지 않는다. 볼 것 많아진 세상 속에서 특히나 내 생각, 내 기록을 찾아와서 보게 하려면 나만의 콘텐츠가 있어야 한다.

이번 장에서는 나의 생각과 기록을 나만의 콘텐츠로 만들기 위해 어떤 노력을 했고, 어떤 고민을 했고, 그걸 통해 무엇을 배웠는지 살펴보고자 한다. 물론 나 또한 부족한 점을 절실히 느끼면서 그저 한 발 한 발 나아가고 있는 평범한 기획자, 마케터일 뿐이다. 그래서 오히려 나의 지난 5년 이야기가 많은 분들께 도움이 될 수 있을 거라는 편집자의 말을 믿어보기로 했다. 대단한 성과는 그만큼 이루기도 어렵고, 따라해보기도 쉽지 않다. 하지만 나 정도의 기록 생활은 많은 분들이 따라해볼 수 있을 것이다. 누구나 평범하게 기록 생활을 하면서, 나만의 콘텐츠를 만드는 데에 조금이나마 도움이 된다면 이 책의 역할은 다한 것이라 생각한다.

블로그, 뉴스레터, 인스타그램, 페이스북, 트위터를 운영하면서 고민하고, 콘텐츠를 만들었던 과정을 소개하고자 한다. 기획적인 부분에서 어떤 고민을 했는지, 찾아보는 콘텐츠를 만들기 위해 어떤 시도를 했는지를 중심으로 읽어주시면 좋겠다. 여러분의 사소한 일상과 사적인 생각이 찾아보는 콘텐츠가 되길 진심으로 바라며, 이 장을 시작해보고자 한다.

생각노트를 네이버 블로그에서
시작하지 않은 이유(feat. 싸이월드의 교훈)

Think
Note

기록의 공간보다 기록의 내용이
당연히 더 중요하겠지만,
콘텐츠가 되기 위해서는
워드프레스로 만들어보는 것도 추천드린다.

더 유연하게 나만의 공간을 디자인할 수 있다.

블로그를 만들겠다 생각한 뒤, 가장 먼저 떠올린 고민은 '어디
에' 만들지였다. 블로그를 만들 수 있는 서비스는 여럿 있었다.
익숙한 네이버 블로그, 뜨고 있던 브런치, 그리고 독립 홈페이
지 성격으로 운영할 수 있는 워드프레스. 개발 지식은 없어서,
직접 코드를 짜서 만드는 선택지는 제외했다. 결론적으로, 나

의 선택은 워드프레스였다.

워드프레스는 세계 최대 오픈 소스 저작물 관리 시스템이다. 전 세계 홈페이지의 무려 30%가 바로 이 워드프레스로 만들어졌다. 우리나라는 포털 서비스에서 블로그 기능을 잘 제공하고 있어서, 포털을 거쳐 블로그를 만드는 경우가 많지만 해외는 다르다. 블로그를 하기 위해서는 개인이 '홈페이지'를 만들어야 한다. 그래서 외국의 많은 블로그는 홈페이지로 되어 있으며, 워드프레스는 이들에게 효율적이고 쉬운 홈페이지 제작 도구가 되고 있다.

내가 워드프레스를 선택한 가장 큰 이유는 '공간의 독립성' 때문이었다. 서비스 정책이나 인기도에 내 공간이 종속되는 것이 싫었다. '싸이월드'가 한참 유행했을 때, 잠시 그곳에서 블로그를 운영하며 배웠던 교훈 때문이다.

싸이월드가 한창 인기 있을 무렵에는 싸이월드 메인에 노출되면, 하루 몇만에서 몇십만까지 조회수가 올라갔다. 당시에는 지금 생각노트 블로그의 콘텐츠와는 다르게 'TV 프로그램' 리뷰를 많이 했다. 운이 좋게도 메인에 내 블로그 글이 여러 번

노출되며 방문자가 늘어났고, 많은 사람이 주기적으로 찾아오는 블로그가 됐다. 하지만 머지 않아, 싸이월드 시대는 급격히 저물기 시작했다. 바로 '페이스북'의 등장 때문이었다.

싸이월드의 인기가 저물자, 내 블로그의 인기도 저물었다. 심지어 지금은 그때 올렸던 자료가 전혀 남아 있지 않다. 그때부터 꾸준히 오래 기록을 남길 만한 공간으로, 그 어떤 서비스도 믿지 못하게 됐다. 물론, 블로그의 대명사인 네이버가 망할 확률은 희박하겠지만, 세상 돌아가는 일은 모른다. 싸이월드가 망하게 될 줄 누가 알았겠는가. IT 서비스의 격변은 한순간에 일어난다.

내가 내 공간을 얼마나 '내 마음대로' 구성할 수 있을지도 고민이었다. 이런 점에서 포털에서 제공하는 블로그는 아쉬운 점이 많았다. 제한된 템플릿과 테마 속에서 블로그를 운영해야 했고, 디자인 면에서도 차별성을 띄기 어려웠다. 그래서 결국 나의 선택은 '독립 홈페이지'였다. 그렇게 워드프레스를 하나씩 배워나가기 시작했다.

다만, 독립 홈페이지를 만들면 번거로운 일이 뒤따른다. 지속적으로 운영, 관리를 해줘야 하기 때문이다. 우선 서버 호스팅에 가입해 매달 서버 비용을 지불해야 한다. 그리고 도메인 주소를 구매해 연결시키는 과정도 필요하다. 주기적인 업데이트와 백업이 필요하며, 검색 엔진 최적화 역시 모두 운영자의 몫이다. 그리고 심할 경우 해킹 같은 위험도 감수해야 한다. 이 모든 것에 민감하게 대응해야 하니 예상하지 못했던 노력이 많이 들어갔다.

그럼에도 생각노트의 시작을 독립 홈페이지로 만든 것을 후회하지 않는다. 내 공간을 내가 원하는 대로 꾸밀 수 있다는 점, 홈페이지 만드는 지식과 기술을 터득하게 됐다는 점(이 덕분에 생각노트 다음으로 만든 워크노트https://think-my.works 블로그를 만들 때는 손쉽게 만들었다), 구글 애널리틱스를 통해 퍼포먼스 마케터로서 조금이나마 역할을 해볼 수 있는 점, 뉴스레터를 자체 서버에서 무료로 보낼 수 있는 점 등 다양한 이점이 있다. 계속 홈페이지가 발전해가고, 테마를 바꾸며 원하는 디자인으로 구성하는 것도 빼놓을 수 없는 쏠쏠한 재미 중 하나다.

워드프레스는 독립적인 공간을 평생 함께할 수 있도록 도와준다. 물론, 각자에게 상황에 맞는 방법은 다를 수 있다. 다만 내 공간이 브랜딩이 된 콘텐츠 공간으로 보여지고 싶다면 워드프레스로 시작할 것을 조심스럽게 추천드려본다. 브랜딩이라는 건 결국 자신의 '색깔'을 드러내는 것인데, 획일화된 블로그에서는 쉽지 않다. 나의 콘텐츠 색깔을 어울리게 담을 수 있도록 디자인된 그릇이 꼭 필요하고, 그것은 워드프레스라는 것이 내 생각이다.

어떤 내용을 담아야 할까?

처음에는 내가 꾸준히 할 수 있는 주제를 생각해보자.
뭐든지 꾸준하게 할 수 있는 것이 중요하다.

생각노트를 시작하기 전
내가 관심 있는 것들을 적으면서
생각노트의 방향성을 정했다.

블로그를 오픈했다. 내 생각을 쌓아나갈 준비를 마쳤다. 이제
필요한 것은 '무엇을 올릴지'였다. 블로그의 브랜딩까지 염두
하고 만들었기에 콘셉트가 필요했다. 그래서 어떤 것들을 블
로그에 기록할 것인지 한동안 고민했다.

블로그에 장기적으로 담을 수 있을지 가늠하려면 관심사를 고려해야 한다. 내가 좋아해야, 내가 관심이 있어야 지속 가능성을 갖출 수 있다. 이 점은 생각보다 중요하다. 멋지게 보이고, 있어 보여도 결국 내가 관심이 없으면 오래 할 수 없다. 뚜렷한 성과가 없더라도, 내가 즐겁다면 꾸준히 콘텐츠를 쌓을 수 있는 원동력이 된다. 그 당시 내가 좋아하는 것은 다음과 같았다.

- 기발한 마케팅 사례.
- 똑똑한 경영 전략.
- 감명 깊게 읽은 책.
- 다큐멘터리에서 배운 점.
- 신박한 IT 서비스.

결국은 내 직업인 '마케터'와 관련된 것들이었다. 그래서 정했던 첫 번째 블로그 방향성은 '마케팅 스터디'였다. 내가 좋아하는 것들을 모아두고, 그걸 살펴보면서 나의 생각을 만들며, 내 업을 발전시켜나가는 일을 하고 싶었다.

그래서 마케팅 공부를 하듯, 블로그에 글을 올리기 시작했다. 지금도 느끼는 사실이지만 기록만큼 공부에 좋은 것이 없다. 투자에 관심이 있다면 투자 일지를 기록하고, 어학에 관심이 있다면 스터디 노트를 기록하고, 영화에 관심 있다면 영화 리뷰를 기록하며 자연스럽게 내 관심사를 더 깊게 알아갈 수 있다.

기록할 SNS 계정이나 블로그를 만들긴 했는데, 무엇을 올려야 할지 막막하다면 '내가 좋아하는 것'을 열 가지 정도 적어보자. 그 다음 공통으로 묶을 있는 부분이 있다면 묶는다. 그러면 핵심 키워드로 두세 가지 정도를 뽑을 수 있다. 그 핵심 키워드가 이제 콘셉트가 되는 것이다.

내 관심사이기 때문에 알아보고 기록하는 것이 즐거워진다. 나의 생각도 풍부해진다. 다른 사람에게 '나 이런 거 좋아하는데, 어떻게 생각하세요?' 보여주고 싶어서 안달이 나게 된다. 그 즐거움은 블로그를 오랫동안 유지하는 힘으로 바뀐다. 뭐든지 오래, 꾸준히, 성실하게 하는 것이 중요하다는 것을 깨닫고 있는데, 그 힘을 다른 것이 아닌 '나'에게서 찾는 것이다. 이 방법이 제일 심플하고, 제일 성공 확률이 높다.

기록의 이름을 지어주는 방법

무엇을 담을지보다
어떤 이름을 지을지 정하는 데에 시간을 더 많이 썼다.
결국, 두 가지 원칙을 세우고 이름을 지었다.

아, 그리고 도메인은 꼭
이름을 지은 뒤에 신청해야 한다.

무엇을 담을지 정했다면. 이름을 지어야 한다. 이름을 정하는
것은 늘 어렵다. 촌스럽지 않고, 오래 봐도 질리지 않고, 심플
해야 하며, 발음하기 쉬워야 하고, 한 번 들으면 기억에 남아야
하고, 내가 담고자 하는 것이 자연스럽게 연상되어야 한다. 개
인적으로는 무엇을 담을지보다, 무슨 이름을 지어줄 것인지에

훨씬 많은 시간을 투자했다. 이름이 모든 것을 간결하게 설명해주기 때문이었다.

이름을 정할 때 두 가지 원칙이 있었다. 첫째는 유행에 덜 민감한 이름. 블로그를 일시적인 공간이 아닌, 평생 함께하는 공간으로 만들고 싶었다. 인생 흘러가는 수순에 따라 20대는 청춘 이야기, 30대는 일 이야기, 40대는 가족 이야기를 적어도 어색하지 않은 그런 공간이 되고 싶었다. 그러기 위해서는 내 나이 여든이 되는 수십 년 뒤에도 촌스럽지 않은 이름이어야 했다. '유행의 단어'보다는 '평생의 단어'가 필요했다.

그 다음으로는 기록의 의미를 담고 싶었다. 내가 좋아하는 것을 잘 기록하는 공간이라는 것을 표현하고 싶었다. 생각을 부여잡고, 채집하고, 수집하는 기록이라는 활동이 블로그 이름에 잘 담겨 있으면 했다. 블로그 이름을 되새기면, 기록이라는 본질적인 활동에 대해 상기할 수 있길 바랐다.

이 모든 고민을 반영해서 만든 이름이 바로 '생각노트'다. 블로그를 시작한 가장 큰 이유인 '내 생각'을 잃지 말자는 결심, 시간이 흘러 관심사가 변해도 내 생각을 기록하겠다는 마음,

이곳은 기록하는 곳이고 기록이 중요한 사람의 공간이라는 가치를 '생각노트'라는 이름에 담을 수 있었다.

생각노트를 정말 잘 아는 사람이라면, 한 가지 의문을 가질 수도 있다. 생각노트의 블로그 주소는 https://insidestory.kr 이다. 인사이드 스토리라는 조금은 엉뚱한 이름이 도메인으로 들어가 있다. 이 사단은 나의 조급함 때문에 생겼다. 블로그 서버 호스팅을 신청하면 숫자로 된 주소가 기본으로 부여된다. https://11.22.33.44와 같은 식이다. 얼마나 보기에 안 좋은가. 그래서 덜컥 신청해서 연결한 이름이 insidestory.kr이었다. 생각노트는 그 이후에 확정된 이름이다.

그렇다면 확정된 이름에 맞게 도메인 주소를 바꿨어야 했다. 하지만 타이밍을 놓치고 말았다. 많은 글이 insidestory.kr이라는 도메인으로 바이럴이 된 직후라 도메인 주소를 바꾸는 것이 두렵기도 했다. 기존에 연결된 '좋아요' 숫자와 같은 데이터들이 모두 날아가기 때문이다. 그래서 변경하는 것을 주저하다가 지금까지 와버렸다. 그래서 기회가 된다면 꼭 도메인 주소를 블로그 이름과 맞추고 싶다. thinknote나 thinking note로 말이다.

이 이야기까지 꺼내면서 하고 싶은 말은 독립 홈페이지를 만들게 된다면 이름도 중요하지만, 도메인 주소까지 한 세트로 생각해서 고민해야 한다는 것이다. 특히 도메인의 경우 보통 1, 2년 단위로 계약하기 때문에, 불필요한 비용을 줄이기 위해서는 가장 나중에 연결하는 것을 권장하고 싶다. 나처럼 들떠서 도메인 주소를 먼저 덜컥 사버리는 실수를 독자 여러분은 하지 않길 바란다.

내게 생각노트는
<무한도전>

생각노트는 <무한도전>,
나는 PD라고 생각했다.

소재를 정하고 콘텐츠를 기획해서
매력적으로 선보이는 역할.

중고등학생 때, 제일 좋아했던 예능은 <무한도전>이었다. <무한도전>은 설명이 필요 없는 '국민 예능'이었다. 매주 참신한 기획과 아이템으로 시청자를 기다리고 있었다. 무인도에서 생존하는 '무인도 특집', 2년마다 열렸던 '무도 가요제', 못생긴 친구를 초대하는 '못친소 페스티벌', 조정 경기에 실제 선수로 출전하는 '조정 특집', 동갑내기 친구 하하와 노홍철의 1:1 대결을 다룬 '하하vs노홍철', 오피스 콩트 '무한상사', 90년대로의 음악 여행 '토요일 토요일은 가수다!' 등 모든 특집을 열거하기 힘들 정도로 다양하고 참신한 기획이 무한도전 역사에 남아 있다.

매주 새로웠던 기획 덕분에, 이번 주는 무슨 내용일지 늘 기대하며 토요일 저녁 6시 30분이면 TV앞에서 기다렸다. 어떻게 이런 기획을 생각했을까 경외감이 들 때도 많았고, 이를 '예능'과 '방송'이라는 멋진 결과물로 만든 실행력에 감탄하기도 했으며, 트렌드를 읽는 능력과 대중과 소통하는 능력에 어린 나이임에도 불구하고 진심으로 감동을 받았다. 그래서 그런지 고3까지는 PD라는 직업을 꿈꿨고, 대학 수시로 영상학과를 지원해서 최종 면접까지 가기도 했다.

블로그를 만들고 운영하면서 레퍼런스로 삼았던 건 다름 아닌 〈무한도전〉이었다. 〈무한도전〉 같은 블로그. 내가 직접 PD가 되어 소재를 정하고, 콘텐츠를 기획하고, 이를 매력적으로 선보여 '시청률' 높은 인기 프로그램처럼 만들어보고 싶었다. 고정된 포맷의 글을 쓰는 것이 아니라, 매주 색다른 콘텐츠를 기획해서 공유하고 싶었다.

그러면 내가 무한도전을 매주 기다렸던 마음처럼, 독자들도 내 글을 매주 기다려주지 않을까. 이 사람이 이번에는 어떤 글을 썼을까, 무엇에 영감을 받아 어떤 관점으로 해석했을까 상상해준다면 더할 나위 없는 기쁨이었다. 기록이 기록으로 끝나는 것이 아니라, 기록이 콘텐츠가 되어 더 많은 사람에게 좋은 영향력을 줄 수 있는 창작자가 되고 싶었다.

요즘 들어서는 〈놀면 뭐하니?〉로 〈무한도전〉 부재의 아쉬움을 달래본다. 유산슬, 싹쓰리, 지미유 등 다양한 캐릭터가 선보이는 기획 콘텐츠를 보며 생각노트도 〈놀면 뭐하니?〉처럼 독자들에게 다가가야겠다는 생각을 해본다. 기존의 〈무한도전〉이 '기획'으로 승부하는 콘텐츠였다면, 〈놀면 뭐하니?〉는 '캐릭터'로 승부를 보는 콘텐츠라 생각한다. 캐릭터를 매력 있게 뽑아서 팬덤을 만든다. 이 모든 캐릭터가 '유재석' 한 명인 줄 알면서도 어떤 캐릭터 때는 팬이 되었다가, 어떤 캐릭터 때는 팬이 되지 않기도 한다. 결국은 팬이 될 수 있는 기회를 캐릭터 기획을 통해 다양하게 만들며, 프로그램 안으로 대중을 끌어들이는 '팬덤 예능'이라 할 수 있다.

생각노트도 다양한 사람들이 모인 '팬덤'들의 놀이터 같은 브랜드가 되는 것이 궁극적인 목표이다. 텍스트 크리에이터가 유튜버처럼 수십만 팬을 모으기는 쉽지 않겠지만, 그럼에도 끝없는 도전을 통해 최대한 다양한 모습을 보여주고 싶다. 그러면서 그렇게 모인 사람들끼리 서로 건강한 생각을 주고받으며 지적으로 노는 영감 놀이터를 만들어보고 싶다.

생각노트'스럽다'는
말의 의미

Think
Note

"생각노트스럽다."

이 말을 듣고 싶었고,
만들고 싶었다.

어떤 콘텐츠는 사람들 사이에서 유통되고 어떤 콘텐츠는 소리 없이 사라진다. 아티클을 발행하며 어떤 것들은 사람들 사이에서 알아서 퍼지는데 어떤 것들은 허무하게 묻히는 경험을 거듭했다. 그 차이를 오랫동안 고민하며 얻은 결론은 '오리지널리티Originality'였다.

오리지널리티는 남들에게 없는 독창성이다. '-스럽다'라는 말을 붙여보면 오리지널리티가 있고 없음을 짐작할 수 있다. 무도스럽다, 애플스럽다, 현카스럽다 같이 말하곤 하는데 그러면 무한도전만의 독창성이 있다는 것, 애플만의 독창성이 있다는 것, 현대카드만의 독창성이 있다는 것이다. 거창하지 않더라도 그런 '-스러움'이 그 콘텐츠를 더 특별하게 보이도록 만든다.

생각노트에는 오리지널리티가 꼭 필요했다. 나는 익명으로 활동한다. 익명의 필자에게는 콘텐츠의 오리지널리티가 캐릭터를 대신한다. 결국, "생각노트스러운 콘텐츠네"라는 인상을 줄 수 있는 개성을 만드는 데에 신경을 써야 했다.

오리지널리티를 갖추면 비슷한 결의 사람도 모을 수 있다. 나의 독창성을 '독특한 관점'으로 이해해주는 사람들이 모이고, 함께 이야기를 나누면 결국 '브랜드'가 된다. 지금 생각노트에는 비슷한 사람들이 모여 있다. 그럼, 오리지널리티는 어떻게 갖출 수 있을까. 오리지널리티를 갖추는 세 가지 조건에 대해 다음 페이지부터 하나씩 설명해보고자 한다.

오리지널리티를 만드는
기획력

내 주변에 놓인 모든 소재를
나의 '관심사'라는 안경으로 바라보는
'기획' 연습을 해보자.

독창적인 콘텐츠가 되기 위해서는 기록을 콘텐츠로 만드는 '변
환 장치'가 필요하다. 그리고 변환 장치 중 가장 쓸모 있고, 바
로 적용해볼 수 있는 것이 바로 관점에 기반한 '기획력'이다.

예를 들어보면 이렇다. 신문 기사를 통해 이케아 코리아가 국

내 매출 5,000억 원을 달성했다는 내용을 접하게 됐다고 해보자. 이를 내 공간에 옮기는 것은 '기록'이다. 하지만 이 기록에는 독창성, 그러니까 오리지널리티가 없다.

이제는 내 관점을 접목해 '이케아의 성장'을 다시 살펴본다.

내 관심사는 '비즈니스, 전략, 브랜드, 마케팅, 광고, 고객 중심적 사고'다. 그럼 이케아의 성장을 나의 관심사와 매칭해보면서, 나라면 어떤 콘텐츠를 만들어볼 수 있을지 기획을 해본다.

1. [비즈니스]와 접목해 이케아의 비즈니스 성장을 다뤄보는 "이케아는 어떻게 5,000억 원 매출을 거두며 국내에 성공적으로 안착했을까?" 콘텐츠를 만들 수 있다.

2. [전략]과 접목해 이케아와 타 가구 업체의 전략을 비교해보는 "이케아 공격에 국내 가구 업체는 어떤 전략을 취하고 있을까?" 콘텐츠를 만들어볼 수도 있다.

3. 아니면, [고객 중심적인 사고]와 접목해 이케아를 방문하는 고객에 빙의해 "왜 고객은 이케아를 간다고 할 때, '놀러 간다고' 이야기할까?"라는 조금 더 캐주얼한 느낌의 콘텐츠를 만들어볼

수도 있을 것 같다.

4. 마지막으로, [마케팅]과 접목해 "이케아를 국내에 안착시킨 화제의 마케팅"에 대한 글을 써볼 수도 있을 것 같다.

이처럼 "이케아가 국내 매출 5,000억 원을 달성했다"는 기록을 내 관점으로 비춰서 새로운 콘텐츠로 기획을 할 수 있다. 만약 '가구'에 관심 있는 사람이라면 "이케아 가구가 국내 소비자에게 사랑받는 이유" 같은 소재로 콘텐츠를 만들 수 있다. 또는 '인테리어'에 관심 있는 사람이라면 "이케아가 바꾼 국내 인테리어 트렌드"로 콘텐츠를 만들 수 있을 것이다. 기록에 내 관심사를 접목해 새로운 콘텐츠를 기획해보는 연습, 오리지널리티 콘텐츠를 만들기 위해서는 꼭 필요한 연습이다. 나 역시 수 없이 연습했고, 아직도 연습하고 있다.

오리지널리티를 만드는 실행력

Think
Note

문제는 실행이다.

너무 오래 고민하지 말고, 빠르게 실행해서
일단 결과를 만들어야 한다.

성공하면 좋은 일이고, 실패하더라도
혼자서는 알 수 없던 개선점을 찾을 수 있다.

〈무한도전〉의 김태호 PD는 늘 놀라운 '실행력'을 보여준다. 〈무한도전〉 때도 멤버들이 농담으로 던진 말을 어느새 진짜 미션으로 만들어서 결과물로 만들었다. 〈놀면 뭐하니?〉의 유 산슬은 트로트 가수로 데뷔했고, 여름을 겨냥한 혼성 그룹을 만들어보자는 아이디어는 '싹쓰리'라는 대형 신인을 만들어냈다. 겨울 노래가 사라진 점을 착안해 '겨울 노래 구출 작전'을 펼쳐 겨울 노래 장인들을 모아 무대를 선보였고, 새로운 신인 예능 유망주를 발굴하기 위해 동거동락을 부활시키기도 했다.

실행이 관건이다. 기획은 결과물이 나와야 비로소 좋고 나쁨을 평가할 수 있다. 그리고 결과물을 얻기 위해서는 일단 실행해야 한다. 블로그 정체성을 만들어야 하는 활동 초반에, 일주일에 한 번은 꼭 글을 쓰자 다짐했던 것도 그런 이유였다. 잘 썼든 못 썼든 일단은 세상에 내놓아야 평가받을 수 있다.

인스타그램에서 '보고 싶은 글' 투표를 받아서 글을 쓴 적이 있다. 생각하고 있는 글 소재를 후보로 제시하고, 뽑힌 글 소재는 어떻게든 글(결과물)로 쓰겠다는 선언적 행동이었다.

물론 고민의 시간이 길수록 콘텐츠의 깊이를 더해 좋은 결과물을 만들어낼 수도 있을 것이다. 하지만 나의 경우 오래 묵혀두면서 고민을 한 기획은 특유의 무게감 때문인지 지나치게 힘이 들어가거나, 만들다가 제풀에 지쳐 힘 없는 콘텐츠가 되었다. 오히려 '해볼까?'라고 문득 든 생각을 바로 실행하자 혼자만의 고민에 쓸 시간과 에너지를 콘텐츠의 소비자 피드백에 집중해 오히려 좋은 콘텐츠로 만들어졌다.

소설가 김영하는 〈대화의 희열〉이라는 프로그램에 나와 소설가의 기본이 무엇인지 묻는 질문에 이렇게 답한 적이 있다.

"원고 마감요."

그는 교수 시절에도 소설가를 꿈꾸는 학생들에게 소설가의 필수 덕목은 '원고 마감 지키는 것'이라 말했다고 한다. 이 말은 결국, 출판사와 합의한 때에 맞춰 결과물을 내는 것이 창작의 기본이라는 말이다. 콘텐츠로 만들기 위해서는, 어떻게든 결과물을 내야 한다. 기획을 잘 하는 사람보다 실행을 잘 하는 사람이 더 주목받을 확률이 큰 것도 그런 이유이다. 어떻게든 실행을 해보시라. 시작부터 거창할 필요는 결코 없다. 여기까지 읽은 독자분이 지금 당장 인스타그램 부계정을 만든다면 그것만으로도 이미 시작인 셈이다.

오리지널리티를 만드는
대중적 감각

잠재독자에게 의견을 구해보자.

독자의 눈은 소름끼치게 정확할 때가 많다.

매일 수많은 콘텐츠가 쏟아진다. 하지만 모든 콘텐츠가 뜨진 못한다. 콘텐츠 하나에는 많은 사람의 노력이 들어가 있다. 이 책만 해도 그렇다. 글을 쓰는 사람이 있고, 이 글의 첫 번째 독자인 편집자가 있다. 이 책을 띄우기 위한 마케팅팀이 있고, 이 책을 제때 서점에 전달하기 위한 제작팀이 있다. 내 책을 매대에 올려주는 서점 직원이 있고, 책을 읽고 리뷰를 해주는 MD 가 있다. 이처럼 여러 사람이 뭉쳐서 하나의 콘텐츠를 만들고 독자, 소비자, 사용자의 손에 닿는다.

모두가 좋은 결과를 기대하고 콘텐츠를 만들지만 뜨는 콘텐츠보다 '사라지는 콘텐츠'가 더 많은 요즘, 우리에게 필요한 것은 '대중적 감각'이다.

대중이 무엇을 좋아하는지를 빨리 알아채고 대중과 항상 맞닿아 있는 감각이 필요하다. 평소의 인풋이 중요한 이유가 여기에 있다. 창작을 하는 사람이라면, 대중이 선택하는 콘텐츠는 반강제적으로 볼 필요가 있다. 좋은 반응을 얻은 콘텐츠에는 분명한 이유가 있다. 그런 콘텐츠의 성공 원인을 나름대로 분석해보고, 내 것으로 만들 수 있는 건 내 것으로 만들어야 한다. 결국은 떠야 콘텐츠가 될 수 있고, 떠야 나를 찾는 사람이 꾸준히 생긴다.

잠재 독자에게 미리 의견을 구해보는 것도 좋은 방법이다. '크라우드 펀딩'을 통해 창작물의 흥행과 수요를 미리 확인하고 제작에 들어가는 것처럼, SNS를 통해 적극적으로 의견을 들어보고 콘텐츠를 만드는 것도 좋은 방법 중 하나다.

인스타그램을 통해 글 투표를 했을 때도, 내가 생각한 인기 소재와 독자가 생각하는 인기 소재는 전혀 달랐다. 그리고 신기하게도, 독자가 뽑은 보고 싶은 글의 순서가, 정확하게 콘텐츠 바이럴 순위가 됐다. 독자는 정직하고, 솔직하다. 그래서 소름 끼치게 무서울 때도 있지만, 독자의 '감'은 가능한 만큼 존중하고 믿어보려 한다.

지금까지 오리지널리티를 만드는 세 가지 조건에 대해 살펴봤다. 내 관점으로 해석하는 기획력, 어떻게든 결과물을 내놓는 실행력, 그리고 마지막으로 대중에게 닿아 있는 대중적 감각이다. 지금은 모두가 크리에이터가 될 수 있는 최적의 시대다. 기존 매체의 레거시는 약해지고 있고, 디지털을 통해 공평하게 나를 내세울 수 있는 시대가 됐다.

누구나 크리에이터가 될 수 있다. 누가 먼저 자신의 기록을 기획력을 갖춘 콘텐츠로, 빠르게, 대중적 감각을 담아 선보이냐의 차이일 뿐이다. 우리 모두 가능하다.

뉴스레터로
나만의 기록을 마케팅하기

Think Note

뉴스레터는 콘텐츠의 발견성을 높여준다.
그리고 독자와 1:1로 연결되는 채널이다.

독자에게 내 콘텐츠가 있다고 지속적으로 알리며
유입을 기대해볼 수도 있다.

생각노트 뉴스레터는 2016년 11월에 시작했다. 블로그를 시작한 뒤, 약 6개월 정도 지났을 무렵, 블로그에 콘텐츠가 쌓이기 시작했다. 그리고 이렇게 쌓인 콘텐츠를 잘 알리고 싶다는 생각이 들었다. 더 많은 사람에게 닿고 싶었고 팬을 모으고 싶었다. '마케팅'이 필요해진 것이다.

다양한 마케팅 방법 중 고심 끝에 선택한 건 '뉴스레터'였다. 지금은 개인이 발송하는 뉴스레터가 참 많아졌다. 내가 구독하고 있는 뉴스레터만 해도 30개는 넘는다. 하지만 2016년만 하더라도 개인의 뉴스레터는 많지 않았다. 회사나 브랜드 단위의 뉴스레터나 마케팅, 프로모션 뉴스레터의 비중이 상대적으로 높았다.

그러다가 콘텐츠 스타트업이 생기면서 뉴스레터가 풍성해지기 시작했다. 구독자는 이들 스타트업의 뉴스레터를 또 하나의 '콘텐츠'로 받아들이기 시작했고, 콘텐츠 형태의 뉴스레터가 자리를 잡아갔다. 퍼블리, 북저널리즘의 뉴스레터가 대표적인 콘텐츠 스타트업의 뉴스레터였다. 이들은 뉴스레터를 통해, 잠재 고객에게 다가갔다.

나 역시도 콘텐츠를 알리고 싶다 보니 뉴스레터에 관심이 있었다. 하지만 섣불리 시작하지는 못했다. 한 번 시작하면 꾸준히 운영해야 하는 매체였고, 뉴스레터 역시 하나의 '콘텐츠'이므로 이를 기획하고 구성하고 제작하는 데에 적지 않은 시간이 필요했다. 그럼에도 뉴스레터를 해야겠다고 결정한 이유는 다음 세 가지이다.

첫째, 생각노트 콘텐츠의 발견성을 높이기 위해서였다. 내 블로그는 독립적인 웹사이트라서 검색 결과 노출로는 발견성을 기대할 수 없었다. 그러므로 블로그 글을 직접적으로 홍보하는 방법밖에 없었다. 이런 점에서 뉴스레터는 매력적인 마케팅 수단이었다. 독자의 메일함에 바로 꽂히며 독자의 유입을 이끌어낼 수 있었다.

보통 집 우편함에 우편물이 오면, 어떤 우편물인지 확인한다. 그리고 기다리던 우편물이면 즉석에서 바로 뜯어보기도 한다. 이메일 메일함이 바로 그런 존재다. 스팸으로 들어가지 않는 이상 새로운 메일이 오면 최소한 확인은 한다. 새로운 콘텐츠를 알릴 수 있고, 콘텐츠 소비까지 유기적인 흐름으로 이어질 수 있는 공간. 그것만으로도 뉴스레터의 가치는 충분했다.

둘째, 뉴스레터는 독립적인 서비스이다. 페이스북, 인스타그램과 같은 중간 유통 서비스 없이 나와 구독자가 1:1로 연결될 수 있었다. 서비스가 몰락하면 그곳에서 맺은 독자와의 연결도 흐릿해진다. 메일은 그렇지 않다. 같은 이메일을 평생 사용하는 경우도 빈번하다. 오랜 연결성을 보장받을 수 있다는 것이다. 이런 점 때문에, 이메일 마케팅이 인기의 기복은 있었을

지라도 사라지지 않은 채 여전히 채널 파워를 보여주는 것이 아닐까 싶다.

마지막으로, '팬'을 모으고 싶었다. 사람들은 개인 정보인 '이메일 주소'를 쉽게 내주지 않는다. 브랜드와 콘텐츠를 충분히 보고, 앞으로도 계속 '연결'되고 싶다는 의지가 높을 경우에만, 기꺼이 이메일 주소를 입력한다.

이런 적극적인 의지를 가진 독자를 조금씩이라도 모으고 싶었다. 생각노트 콘텐츠를 계속 받고 싶어 하는 충성도 높은 독자를 모을 수 있는 방법으로는 '뉴스레터'가 단연 최고였다.

또한 뉴스레터를 통해 한 주간의 내 생각을 '총 정리'할 수 있었다. 새로운 콘텐츠를 소개하고, 블로그에는 남기지 못한 다양한 생각을 뉴스레터에 적으며, 한 주의 생각을 마감할 수 있었다.

과거에 비해 뉴스레터를 발송할 수 있는 방법이 다양해졌다. 국내의 경우 '스티비'라는 곳이 이메일 마케팅 툴을 제공하고 있다. 국외의 경우 '메일침프' 서비스가 대표적이며, '서브스

택', '메일리' 등의 서비스를 통해 유료 뉴스레터 운영도 가능하다.

또한 뉴스레터 콘텐츠는 훨씬 더 다양해졌다. 밀레니얼을 위한 시사 뉴스레터 〈뉴닉〉, 리뷰를 다루는 뉴스레터 〈까탈로그〉 등이 뉴스레터 콘텐츠를 풍성하게 만들고 있다.

이제는 개인이 얼마든지 자신의 독자와 팬을 모아 브랜드가 되고 콘텐츠가 될 수 있는 시대다. 나의 생각과 기록을 이메일 콘텐츠로 만들 수 있다. 물론, 뉴스레터가 많아지면서 뉴스레터 피로도가 생기는 것도 사실이다. 그럼에도, 대중은 끊임없이 '영감'과 '인사이트'를 원하며, 내 메일함으로 배달되는 관점과 해석을 원할 것이다.

여러분의 기록도 얼마든지 뉴스레터가 될 수 있다. 또한 뉴스레터를 통해 여러분의 팬을 모을 수 있다. 그리고 이 팬은 평생 가는 동반자가 될 확률이 크다.

뉴스레터 콘셉트
구성하기

뉴스레터도 콘텐츠다.
콘텐츠는 독자를 계속 따라가야 한다.
독자가 어떤 것을 원하는지 계속 생각하고,
이에 맞는 뉴스레터 업데이트를 해왔다.

뉴스레터를 운영해보고 싶다면
나의 경험을 참고해서 운영해보면 좋을 것 같다.

뉴스레터를 처음 운영할 때부터 콘셉트를 중요하게 생각했다.
생각노트 뉴스레터는 무엇일까, 어떤 콘텐츠 가치를 지니고 있
을까, 어떤 독자에게 소비될 수 있을까, 구독하게 만드는 차별
화 포인트는 무엇일까 등을 고민하면서, 이런 질문에 대답하기
위해서는 콘셉트와 방향성이 꼭 필요하다는 것을 느꼈다.

첫 번째 생각노트 뉴스레터의 콘셉트는 '콘텐츠 큐레이터'였다. 생각노트에 올린 새 글을, 글쓴이 입장에서 소개해주는 콘텐츠로 뉴스레터를 구성했다. 참고했던 모델은 TV에서 방영하는 영화 소개 프로그램이었다. 영화 소개 프로그램을 보면, 감독과 배우가 직접 나와 영화를 소개해주는 코멘터리 코너가 있다. 그들이 풀어내는 작품 '비하인드 스토리'는 언제 들어도 참 재밌다. 그런 느낌으로, 콘텐츠에 대한 요약과 함께 이 콘텐츠를 왜 생각노트에 기록하게 되었는지 매력적으로 설명하고 싶었다. 하지만 아쉽게도 구독자 반응은 기대한 만큼 나오지 않았다. 공급자 중심적 관점으로 내게 편한 것 위주로 생각했던 것이 큰 오산이었다.

그래서 두 번째로 뉴스레터를 개편할 때는 타깃을 가장 우선순위로 고민했다. 생각노트 뉴스레터 구독자는 무엇을 좋아할지 가장 먼저 고민했다. 그 결과 '좋은 글'에 대해 늘 탐색하고 갈구하는 그룹, 그것이 생각노트 뉴스레터 구독자들의 가장 큰 공통점이라고 생각했다. 그래서 뉴스레터를 통해 생각노트의 글뿐만 아니라 더 많은 '좋은 글'을 소개하고 싶었다. 왠지 구독자분들이 좋아할 것 같다는 촉이 왔다.

그렇게 잡았던 두 번째 뉴스레터 콘셉트는 '핸디북'이었다. 그 안에는 다양한 텍스트 콘텐츠를 담았다. 그 당시 나는 생각노트 말고도 지인과 함께 'Hooked on Medium(이하 HoM)'이라는 사이드 프로젝트를 하고 있었다. 콘텐츠 플랫폼 '미디움'에서 박수 천 개 이상을 받은 글을 요약해서 큐레이션하는 사이드 프로젝트였다. 이를 시작으로 책에서 감명 깊게 느낀 문장이나 SNS에서 인상 깊게 본 문장을 메모했다가, 뉴스레터 하단에 소개하기도 하고, 재미있게 본 아티클을 소개하는 것까지 확장했다. 활자 콘텐츠를 좋아하는 분들이라면 구독하고 싶을 뉴스레터를 구성했다.

반응은 예상보다 좋았다. 뉴스레터 구독자가 이전보다 빠르게 늘어났다. 또한 뉴스레터의 이미지도 바뀌었다. 기존에는 '생각노트 콘텐츠를 만나는 곳'이었다면 이제는 '텍스트 콘텐츠로부터 좋은 영감을 얻는 곳'으로 확장됐다. 즉, 이전에는 생각노트 콘텐츠에만 관심 있는 사람을 모을 수 있었다면, 이제는 생각노트 콘텐츠에는 관심이 없더라도 '활자' 콘텐츠를 좋아하는 사람까지 커버할 수 있었다. 뉴스레터가 닿을 수 있는 타깃이 넓어진 셈이다.

그러다 100번째 뉴스레터에서 문제가 시작됐다. 모든 시리즈에 100회가 특별한 것처럼, 이 때를 기점으로 멋지게 뉴스레터를 개편해봐야겠다고 다짐했다. 그래서 '미니 매거진'으로 콘셉트를 확장하며 나름대로 투자도 했다. 유료로 판매하는 뉴스레터 프로그램을 구매했고, 뉴스레터와 잘 어울리는 유료 테마도 구매했다. 이전 뉴스레터와 비교할 수 없는 퀄리티였다.

100번째 뉴스레터의 확장된 구성

- **New Post**: 블로그의 새로운 브랜드 & 트렌드 콘텐츠 소개.
- **Topic**: 이 주에 적합한 1~2개 주제에 관한 콘텐츠 큐레이션.
- **Blogger's Picks**: 한 주간 재미있게 본 뉴스 / 미디움 / 유튜브 / SNS 콘텐츠.
- **Tip**: SNS에서 바이럴된 알쓸(알아두면 쓸모 있는)팁.
- **Words of the Week**: 책 / 인터뷰 / SNS 속 좋은 한 문장.

그럼, '미니 매거진' 콘셉트는 성공했을까. 결론부터 말하면 장점과 단점이 명확했다. 내용이 풍성해지고, 뉴스레터가 더욱 하나의 단독 콘텐츠 같아졌다는 장점도 있었지만, 내용이 많아지며 뉴스레터 제작에 훨씬 더 많은 시간이 들어갔다.

이전 버전의 뉴스레터 제작에는 2-3시간이면 충분했다면, 새로 바뀐 뉴스레터 제작에는 6시간 이상이 소요됐다. 본업을 하면서 매주의 루틴으로 끌고가기에는 버거웠다. 그 결과, 뉴스레터 운영에 가장 중요한 '지속 가능성'이 위협받기 시작했다. 뉴스레터 운영을 잠시 중단하게 된 이유 중 하나가 되기도 했다.

결국은 다시 원점으로 돌아와 '기록'에 충실하기로 했다. 기획력이 빛나는 뉴스레터 콘텐츠를 만드는 것은 지금 단계에서 과한 욕심이라는 생각이 들었다. 그래서 다양한 채널에 기록하고 있는 콘텐츠를 뉴스레터에 담아 한 주를 정리하고 마감하는 것으로 뉴스레터의 역할을 재정의했다. 그렇게 현재의 뉴스레터 콘셉트는 '일주일 동안의 모든 생각과 기록'이다.

새로운 시도는 언제나 즐겁다. 물론 시행착오도 있다. '미니 매거진'처럼 보이고 싶어 개편했던 생각노트 뉴스레터는 지속 가능성을 위협하며 제작이 부담스러운 무거운 일이 되고 말았다. 그래도 괜찮다. 나중에 비슷한 시도를 할 때 분명 이 경험이 도움이 될 것이다. 안 해보고 결과를 추측만 하는 것보다, 일단 해보고 배우면서 고쳐나가는 게 단단한 성장을 만든다고 믿는다.

텍스트 크리에이터의
인스타그램 도전기

**Think
Note**

지금은 인스타그램에
가장 많은 독자가 모여 있다.

텍스트 크리에이터도
이미지 중심 서비스에서
나름의 역할을 할 수 있다는 것을
콘텐츠로 보여준 사례였다.

'가장 늦게 시작했지만, 가장 빠르게 팔로워가 모인 곳.' 바로
생각노트 인스타그램 이야기다. 참 모순적인 일이다. 텍스트
콘텐츠를 주로 만드는 내가 이미지 중심의 서비스에서 가장
많은 구독자를 보유하고 있다. 그만큼 인스타그램이 대세 서
비스라는 뜻일 테고, 인스타그램의 놀라운 영향력을 새삼 느

끼면서도, 살짝 허무해지기도 한다. 뉴스레터로 3년 가까이 힘들게 모았던 구독자가 인스타그램에서는 1년도 되지 않은 시간에 모인 것이다. 텍스트 창작자로서 어떻게 살아남을지 고민이 되는 이유다.

솔직하게 밝히자면, 인스타그램은 생각노트 계획에서 아예 '제외'했던 채널이다. 운영할 계획이 전혀 없었다. 텍스트 콘텐츠를 만드는 내가 '이미지 서비스'에서 무엇을 할 수 있을지 전혀 가늠이 되지 않았다. 무슨 콘텐츠로 피드를 채워나갈 수 있을지 그 어떤 상조차도 떠오르지 않았다.

그럼에도 사람들은 모두 인스타그램으로 향하고 있었다. 시대가 원하는 공간은 인스타그램이었다. 시간이 지날수록 작은 가게, 창작자, 브랜드의 홍보 채널은 인스타그램으로 집중되었고, 사람들은 인스타그램에서 마음에 드는 채널을 구독해 콘텐츠를 소비하고 있었다.

나는 보기보다 겁과 걱정이 많은 스타일이다. 그래서 나는 퍼스트 무버first mover보다는 앞서간 사람의 행보를 보며, 내 길을 결정하는 패스트 팔로워fast follower에 가깝다. 그래서 뒤늦게 시작하는 일이 많은데, 이것도 어느 정도 따라잡을 수 있는 격차일 때 통하는 이야기다. 새로운 도전을 당장 시작해야 했다.

한편으로는 걱정이 되면서도, 한편으로는 인스타그램에서 생각노트의 콘텐츠를 만들어보고 싶다는 생각도 들었다. 텍스트 창작자가 인스타그램에서 클 수 없다는 선입견에 반기를 드는 채널이 되고 싶었다. 그래서 '텍스트 창작자도 인스타그램에서 얼마든지 주목받을 수 있어!'라고 외치고 싶었다. 채널의 규모를 키우고 성공 예시로 자리 잡힌다면, 나처럼 텍스트로 생각을 기록하는 분들과 인스타그램에서도 생각과 기록을 나눌 수 있을 것이라는 기대도 있었다.

그 당시 다양한 로그 툴log tool(기록 도구)로 기록 활동을 이어가고 있었다. 빠르게 생각을 기록할 때는 트위터를, 링크 콘텐츠에 대한 코멘트를 남길 때는 페이스북을 이용하는 것처럼, 인스타그램의 매체 특성에 어울릴 만한 '기록 활동'을 새롭게 해볼 수 있을 것 같았다. 그렇게 인스타그램을 2018년 5월에 개설하고 텅 빈 피드를 마주하게 됐다.

성공 사례를 따르다가
엉망이 되었다

성공 사례를 따라가기보다
나의 색깔, 나의 결을 생각해보는 것이 중요하다.

그리고 내가 잘할 수 있는 것과 독자가 원하는 것의
교집합을 탐색했다.

그 교집합을 발견한 후
인스타그램 계정이 성장하기 시작했다.

"제 생각과 제게 영감을 준 생각을 담습니다."

2020년 10월까지, 생각노트 인스타그램 프로필에 적혀 있던
한 줄 소개이자 채널 콘셉트를 설명하는 말이기도 하다. 참 간
단해 보이는 이 '한 줄'을 얻기까지 참 많은 시행착오가 있었

다. 이번 장에서는 이 시행착오에 대해 다뤄보고자 한다.

인스타그램을 만들고 나니, 텅 빈 프로필이 보였다. 이 공간에 대한 설명을 뭐라고 적을지 감이 안 잡혔다. 처음 떠올린 콘셉트 아이디어는 '사진'이었다. 당연하면서 단순한 접근이었다. 인스타그램은 이미지 SNS니까, 나 역시 이곳에서 주목받기 위해서는 이미지로 가야겠다는 생각이 가장 먼저 들었다.

의미를 찾아야 움직이는 나로서는 '사진'으로 콘셉트를 해야 하는 이유를 찾아봤다. 생각해보니, 아직 제대로 기록하고 있지 못한 영역이 '사진'이기도 했다. 어렸을 적부터 사진 찍는 걸 좋아했고, 거기에 여행까지 좋아하니 여행지에서 찍은 사진도 많았다. 수많은 사진이 정리되지 않은 채 컴퓨터와 스마트폰에 고스란히 저장되어 있었다. 그래서 '사진'으로 남긴 기록을 많은 사람과 나누면 될 것 같았다.

그렇게 '잘 나온 사진'으로 채널 콘셉트를 정한 뒤 미러리스 카메라 하나를 구입했다. 모든 취미의 시작은 장비이다. 비싼 장비를 사게 되면, 장비가 아까워서라도 뭔가를 하게 된다. 대학생 시절, 힘들게 돈을 모아서 샀던 DSLR 카메라가 있긴 했지만, 이제 너무 무거워서 제대로 들고 다니기조차 어려웠다. 예전에는 이 벽돌 같은 카메라를 어떻게 목에 두르고 돌아다녔나 혀를 차면서 조심히 카메라를 내려놓았다.

새로 장만한 카메라는 가볍고 예쁜 데다가 화질도 좋았다. 카메라 기술의 놀라운 발전을 몸소 체험하며 이곳 저곳에서 사진을 찍기 시작했다. 그 사진으로 인스타그램 피드를 채웠다.

반응은 어땠을까. 그야말로 처참했다. 개설 초기라 팔로워가 적은 탓도 있었겠지만, 그걸 감안한다 하더라도 반응이 별로였다. 가지고 있던 채널을 통해 오픈 사실을 실컷 홍보한 탓에 생각노트에 관심 있는 사람들이 모여 있었지만, 이들조차 반응하지 않았다. 뭔가가 잘못되어가고 있다는 생각이 들었다.

그렇게 잘 나온 사진을 몇 장 더 올리고나자, 잘 나온 사진은 생각노트의 색깔이 아니라는 사실을 깨닫게 됐다. 인스타그램에는 사진을 잘 찍는 사람이 이미 너무 많았고, 내가 잘할 수 있는 영역은 '잘 찍는 사진'이 아니었다. 기존의 '잘 나가는' 채널과 전혀 차별화가 되지 않았다. 콘셉트에 대한 고민을 원점에서부터 다시 해야 했다.

예쁜 사진보다 간결한 스크린샷이
나을 때가 있다

Think
Note

인스타그램도 콘텐츠의 본질이 예쁜 포맷을 앞선다.

예쁜 포맷보다
어떤 콘텐츠를 올릴지에 집중하자.

그 시작은 꾸준한 생각과
면밀한 기록이 되어야 하지 않을까.

두 번째로 정한 인스타그램 콘셉트는 '디테일'이었다. 때마침 첫 책《도쿄의 디테일》출간과 더불어 인스타그램이 본격적으로 성장하기 시작했다. 책을 읽은 뒤 생각노트를 알게 되어 인스타그램을 팔로잉하는 독자들이 늘어났다.《도쿄의 디테일》과 비슷한 콘텐츠를 기대하는 독자들에게 서비스를 제공한다는 마음으로, 일상 속에서 발견한 디테일을 소개하기 시작했다. 디테일을 발견하는 걸 좋아하는 나에게는 취미 활동이기도 했다. 이곳 저곳에서 발견한 디테일 사례를 모으고, 나누는 일이 즐거웠다.

그렇게 다양한 디테일 시리즈가 만들어졌다. 부산 여행에서 발견한 디테일, 올리브영에서 발견한 디테일, 길거리에서 발견한 디테일, 쇼핑몰에서 발견한 디테일 등 일상의 동선에서 눈에 걸리는 디테일을 올리기 시작했다. 잘 찍은 고퀄리티 사진은 결코 아니었지만(심지어 어떤 사진은 흔들리기까지 했다), 디테일을 포착해서 나누는 것 자체를 나의 정체성이라고 여겨주는 사람들이 늘어났다. 당연히 이전에 올렸던 '잘 찍은 사진'보다 훨씬 좋은 반응을 얻었다. 조금씩 '생각노트'만의 색깔을 찾아가고 있는 것이었다.

그러던 어느날, 현재의 인스타그램 콘셉트에 정착하게 된 사건이 있었다. 인스타그램을 운영하기 이전에도 내 생각을 올리는 곳이 있었는데 그곳은 바로 트위터였다. 트위터는 기동성이 참 마음에 드는 친구다. 빠르게 앱을 켜서, 빠르게 적은 뒤, 빠르게 발행할 수 있다. 생각을 요약하는 데도 제격이다.

한 트윗당 글자수 제한(140자)이 있다 보니, 하고 싶은 말을 쓸데없는 미사여구 없이 압축적이고 함축적으로 담는 연습이 가능했다. 그렇게 트위터에 올린 나의 생각 중 하나를 '아무 생각 없이' 스크린샷해서 인스타그램에 '그대로' 올렸다. 고퀄리티 사진도 아니었고, 디자인 작업이 된 결과물도 아니었다. 단순한 '스크린샷'이었다.

그런데 놀라운 일이 생겼다. 이 콘텐츠가 폭발적인 반응을 얻은 것이다. 그때까지 올렸던 모든 콘텐츠를 압도했다. 좋아요, 북마크, 공유수 등 모든 지표가 새롭게 갱신됐다. 게다가 단기간에 좋은 반응을 얻자 인스타그램 '발견 탭'에도 소개가 됐다. 이로 인해 내 채널의 팔로워 수보다 몇 배에 이르는 새로운 사용자에게 도달되었고 내 채널의 팔로워도 자연스럽게 늘었다. 결국, 이 사건을 통해 한 가지 좋은 교훈을 얻었다.

"인스타그램의 사람들도 여전히 '생각'을 원하는구나!"

잘 찍은 사진도 아니었고, 디자인이 잘된 결과물도 아니었다. 단지 내 생각을 140자로 함축된 텍스트로 기록한 것이고, 이걸 그대로 스크린샷을 해서 올린 것인데 이게 인기를 끌었다.

결국 콘텐츠의 본질은 '예쁜 포맷'보다는 '어떤 콘텐츠'인지에 달려 있는 것이다.

이를 계기로 생각노트 인스타그램의 콘셉트를 '생각을 담는 곳'으로 바꿨다. 나의 생각뿐 아니라, 내게 영감을 준 다양한 생각을 모두 담는 공간이 되고자 했다. 책, 잡지, 인터뷰 기사, 광고, 인터뷰, 일에서 얻은 생각이 모두 모이는, 그야말로 인스타그램판 '생각노트'가 되었다. 그래서 건강한 생각을 선호하고, 그렇게 생각하길 원하는 사람이 모이는 공간이 되길 바랐다.

140자 짧은 내 생각을 기록하는 시리즈는 짧은 생각 시리즈가 되어 1년 넘게 운영하고 있다. 그러면서 이백 개에 가까운, 생각노트 인스타그램의 핵심 콘텐츠가 됐다. 북마크를 해두고 보는 독자, 리그램(다른 사람의 인스타그램 콘텐츠를 내 피드로 가져오는 것을 가리키는 말)해서 본인의 피드로 옮겨가는 독자, 스크린샷을 해서 블로그에 올리는 독자 등 다양한 방식으로 '짧은 생각'을 소화하고 있다. '짧은 생각' 시리즈는 생각노트 인스타그램의 시그니처가 됐다.

내가 인스타그램 계정을 '생각을 담아두는 곳'으로 활용하는 것처럼 여러분도 이렇게 이용해보시는 건 어떨까. 사진에 대해 전혀 모르고, 디자인이라고는 더 모르는 블로거도 인스타그램을 활용하고 있다.

반갑게도, 최근 들어서 자신의 생각과 영감을 기록하는 '기록 계정'으로 인스타그램 부계정을 만들어 운영하는 분을 어렵지 않게 발견할 수 있다. 한 번은, 생각노트 인스타그램에서 '여러분의 영감 계정을 소개해주세요'라는 스페셜 이벤트를 진행한 적이 있었는데, 무려 이백오십 개 가까운 영감 계정이 댓글에 달렸다. 각 계정을 들어가보면 고퀄리티의 잘 찍은 사진은 거의 없다. 메모장을 스크린샷한 사진, 기사를 스크린샷한 사진, 메모를 찍어서 올린 사진 등이 대다수다. 전형적인 인스타그램 포맷을 무시하고(!) 자신만의 방식으로 생각을 꾸준하게 기록하는 사람이 늘어나는 것을 보면, 이유가 불분명한 희열감을 느끼곤 한다.

만약 기록 계정을 만들고 싶은데 어떻게 만들어야 할지 막막한 분이 있다면, 이 이벤트 포스트를 참고해보시는 것을 추천드린다. 댓글에 쌓인 영감 계정을 하나씩 들어가서, 사람들이 어떻게 자신의 생각을 인스타그램에서 기록하고 있는지 살펴보는 것이다. 이와 더불어 다른 사람의 생각과 관점을 보면서 새로운 영감을 떠올리는 경험도 함께하게 될 것이다. 여러분의 기록 계정도 이 포스트 댓글에 추가되는 날을 손꼽아 기다려본다.

생각노트
@insidestory_kr

당근마켓에서 물건 팔 때, 제품명을 입력하면 이미 등록된 같은 제품의 판매 가격 그래프를 짜잔 보여주면 좋겠다. 그러면 물건 팔 때 시세를 몰라서 한참 찾아봐야 하는 수고를 덜 수 있지 않을까. 최저가 최고가를 보여주면 판매 목적(급처, 안 팔리면 그냥 씀 등)에 따른 가격 설정도 쉬울 것 같고.

오전 11:09 · 2021. 2. 27. · Twitter for iPhone

think_note_ 오늘의 서비스 아이디어 ✏️ … 더 보기
댓글 25개 모두 보기

생각노트
@insidestory_kr

각자가 나름의 전쟁을 치르고 있을 때, 나의 따뜻한 한마디가, 한 사람의 기분을 하루 종일 좋게 할 수 있다는 것의 위대함을 느낀다. 감사합니다, 맘에 들어요, 최고예요, 꼼꼼하세요, 기발해요, 또 올게요, 맛있어요, 많이 파세요, 조심 운전하세요, 이런 말들로 다른 사람의 전쟁에 힘이 되고 싶다.

오후 8:53 · 2021. 2. 4. · Twitter for iPhone

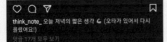

think_note_ 오늘 저녁의 짧은 생각 🌙 (오타가 있어서 다시 올렸어요!)
댓글 17개 모두 보기

생각노트
@insidestory_kr

카톡에서 단체방에 초대될 때, 무조건 방에 들어가지는게 아니라, 그 방에 들어갈지 말지를 초대 '받은' 사람이 결정할 수 있으면 좋겠다. 지금은 지나치게 '초대자' 중심의 UX가 아닌가 싶다. 초대 받은 사람의 의지는 무시된 채, 무조건 단체방으로 묶여 이야기를 들어야한다는게 이상하다는 생각.

오후 3:30 · 2021. 2. 21. · Twitter for iPhone

think_note_ 그리고 이 기능을 악용해 무한으로 단체방에 강제 소환해서 집단으로 욕설을 하는 키따(카카오톡 왕따) … 더 보기
댓글 41개 모두 보기

독자 중심,
사용자가 향하고 있는 곳으로

앞서 말한 것처럼 남들의 성공 사례를
그대로 따라가서는 안 된다.
모든 것은 '독자 중심'이다.

온라인 콘텐츠를 살펴보면 점점 롱폼(긴 호흡을 통해 메시지를
전달하는 콘텐츠)에서 숏폼(짧은 시간에 소비할 수 있는 콘텐츠)으
로 바뀌고 있다. 생각노트를 시작했던 2016년에는 '숏폼'이라
는 단어 자체가 없었다. 모바일 서비스가 확장되며, 롱폼 서비
스의 빈틈을 노린 숏폼 서비스가 하나 둘 등장하면서 온라인

콘텐츠 포맷은 큰 변화를 맞이하게 됐다. 콘텐츠 창작자라면, 이제 숏폼 콘텐츠에 대한 고민을 해야 한다.

모든 것은 '독자 중심'이다. 내가 하고 싶은 걸 어느 정도 밀어붙이는 것도 창작자가 가져야 할 덕목 중 하나일 수 있지만(자신의 색깔을 만들기 위해서는 그럴 수 있다), 결국 창작자는 대중과 만나야 하고 대중의 선택이 콘텐츠에 가치를 부여한다. 그러기 위해서는 독자가 무엇을 원하는지, 내 콘텐츠가 독자에게 어떤 가치를 줄 수 있는지 고민해야 한다고 생각한다. 그렇게 숏폼 콘텐츠를 향한 '구성적 실험'이 시작됐다.

시작은 당연히 인스타그램이었다. 콘텐츠가 숏폼 위주로 가게 된 데는 인스타그램 서비스의 영향이 컸다. 블로그와 페북에서는 사진 한 장에 한 줄 설명만 올리면 '성의 없는 게시글'처럼 보인다. 하지만 인스타그램에서는 그렇지 않다. 이조차도 콘텐츠로 인정받고 어떨 때는 힙하게 보이기까지 한다. 인스타그램은 가볍게 올리고, 가볍게 둘러보는 공간으로 자리잡았고, 각 잡고 콘텐츠를 올리다가 스트레스를 받은 수많은 SNS 피난민을 받아냈다.

게다가 인스타그램에 '스토리' 기능이 추가되면서 숏폼 콘텐츠의 생산성이 더 강해졌다. '스토리'는 하루가 지나면 사라지는 휘발성이 있다. 그래서 피드로 올리기에는 살짝 부족하다고 여기면서도, 지인들과 나누고 싶은 일상 속 사진과 영상이 스토리로 쏟아지기 시작했다. 피드가 인스타그램 내에서는 그나마 '각' 잡고 콘텐츠를 올려야 하는 곳이었다면, 스토리는 이제 그런 '각'조차도 잡을 필요 없게 만들어준 것이다.

> "콘텐츠 소비 측면에서도 인스타그램 피드에 올라오는 콘텐츠보다 인스타그램 스토리 메뉴가 훨씬 강력하고 이를 접하는 사용자의 수도 많습니다."
>
> 《JOBS 잡스 - EDITOR 에디터》(매거진 B 편집부 저) 중에서

글로벌 럭셔리 편집숍으로 유명한 '미스터 포터'의 전 콘텐츠 디렉터 '제러미 랭미드'는 앞으로 피드보다 스토리가 더 강력한 영향을 발휘할 것이라며 이렇게 말했다. 그의 말에 전적으로 공감한다. 서비스 맨 상단에 스토리 콘텐츠가 동그라미로 뜨는 UI로 인해 스토리는 피드보다 더 높은 집중도, 더 편한

접근성을 갖게 됐다. 심심할 때 들어와 피드를 아래로 내리는 사용성 못지 않게, 스토리 동그라미를 누르고 옆으론 넘겨가면서 보는 사용성이 만들어지고 있다. 독자가 모이고 있는 인스타그램 스토리에서 새로운 콘텐츠를 만들어보고 싶어졌다.

플랫폼의 경쟁력을 살린
콘텐츠 만들기

콘텐츠를 잘 만들기 위해서는
플랫폼의 경쟁력을 파악하는 것도 중요하다.

그래서 스토리형 오리지널 콘텐츠를 만들기 위해
스토리가 가진 경쟁력이 무엇인지를 분석했다. 그 결과
링크, 연속 콘텐츠, 인터랙션이라는 키워드를 뽑아냈다.

콘텐츠가 담길 공간의 '경쟁력'을 파악하는 것도 콘텐츠를 잘
만드는 것에 빠질 수 없는 요소다. 생각노트를 페이스북, 트위
터, 인스타그램 채널로 확장해 운영하면서 가장 중요하게 여
겼던 것이 바로 이 부분이다. '되도록이면 이곳에서만 할 수
있는 것을 하자.' 이곳에서만 할 수 있는 것을 한다는 것은 이

매체에 가장 최적화된 콘텐츠를 만들 수 있다는 뜻이다. 그리고 자연스럽게 그런 콘텐츠로 인해 특정 플랫폼에 모인 사람들에게 매력적으로 어필하는 것도 가능하다. 그래서 콘텐츠를 담는 그릇이 어떤 그릇인지, 무엇을 담았을 때 가장 빛나는지 파악하는 것이 꼭 필요하다.

인스타그램 스토리를 활용한 오리지널 콘텐츠를 만들기 위해서는 당연히 스토리에 대해 잘 알아야 했다. 그래서 스토리가 가진 장점이 무엇인지를 우선 정리해보기 시작했다.

첫째, '웹링크' 추가가 가능하다. 많은 분들이 알고 있다시피, 인스타그램 피드 콘텐츠에서는 URL 링크가 활성화되지 않는다. 외부 링크로 넘기는, 이른바 아웃 링크를 할 수 있는 방법은 '프로필' 영역밖에 없다. 그래서 이런 문구를 콘텐츠 본문에 남긴 분들을 한 번쯤은 봤을 것이다.

"링크 주소는 프로필에 있어요."

이에 반해, 인스타그램 스토리는 웹링크 추가를 통해 아웃링크가 가능하다. 하지만 아쉽게도 이 기능을 모든 유저가 쓸 수

있는 것은 아니다. 현재는 팔로워 1만 명이 넘는 계정에서만
사용이 가능하다.

이 때문에 팔로워 1만 명을 넘기는 것이 초기 목표였다. 생각
노트 블로그 글과 인상 깊게 본 콘텐츠를 소개하기 위해서는
'웹 링크' 기능이 필요했다. 그렇게 되면 생각노트 블로그 글도
인스타그램에서 바로 읽을 수 있고, 소개된 콘텐츠도 바로 확
인할 수 있다. '웹링크'는 스토리가 가진 핵심 기능 중 하나라
고 판단했다.

둘째, '연속 콘텐츠'가 가능하다. 인스타그램 피드는 한 포스트
당 열 개 이미지 또는 영상만 업로드할 수 있다. 이에 반해 스토
리는 사실상 무한으로 가능하다. 계속 옆으로 넘기면서 콘텐츠
를 끝없이 볼 수 있다. 피드가 메인으로 구성된 다른 플랫폼에
서는 만날 수 없는, 스토리만이 가지고 있는 경쟁력이다.

셋째, '인터랙션'이 가능하다는 것이다. 인스타그램 스토리에
는 다양한 인터랙션 스티커가 있다. 설문, 질문, 퀴즈, DM보내
기 등의 기능이 스티커를 통해 주어진다. 그리고 이 스티커는
계속 업데이트되어 '신상'을 쓰는 맛도 있다. 이 인터랙션 스티

커를 잘 활용하면 팔로워와 즉각적으로 소통하는 것이 가능하다. 콘텐츠를 발행하면서 팔로워들의 '인터랙션'을 끌어낼 수 있는 곳이 바로 스토리였다.

이런 분석 과정을 스토리의 장점을 크게 세 가지 키워드로 정리했다. 링크, 연속 콘텐츠, 인터랙션이 바로 그것이다. 이 세 가지 키워드로 인스타그램 스토리 콘텐츠 기획에 들어갔다.

인스타그램 스토리로 만들 수 있는
오리지널 콘텐츠

Think
Note

인스타그램 스토리가 가진 경쟁력으로
내가 만들 수 있는 콘텐츠가 무엇일지 고민해봤다.
당시 비어 있던 기록이 '콘텐츠 기록'이었다.
그리고 이 기록은 스토리로 쌓기에 제격이었다.

스토리의 경쟁력까지 파악했다. 그럼 이 경쟁력을 잘 살리면
서도 내 색깔에 맞는, 내가 잘 할 수 있는 콘텐츠는 무엇일지
종이 위에 끄적이기 시작했다. 그렇게 시작하게 된 콘텐츠가
바로 '오늘의 인풋 소스' 시리즈다.

많은 사람들이 스마트폰으로 콘텐츠를 소비한다. 그리고 이를 통해 생각이나 영감을 얻는다. 나 역시도 예외가 아니다. 주말에는 조금이나마 의도적으로 스마트폰을 멀리 하는 '디지털 다이어트'를 실천하고 있긴 하지만, 평일에는 수없이 스마트폰 화면을 톡톡 터치하며 잠금화면을 풀고 그 안에서 많은 콘텐츠를 소비한다. 한 가지 아쉬운 점은 이 모든 콘텐츠 소비를 기록하지 못한다는 것이었다.

유튜브에는 유튜브에서 내가 본 모든 영상 리스트를 확인할 수 있는 '내가 시청한 영상' 기능이 있다. 내가 봤던 영상을 다시 찾을 때 이 기능을 요긴하게 쓴다. 또한 시기별로 어떤 콘텐츠를 봤는지 히스토리를 체크하는 용도로 활용한다.

이 기능처럼 하루에 소비하는 수많은 콘텐츠를 기록하고 싶어졌다. 유튜브, 인스타그램, 페이스북, 넷플릭스, 왓챠, 기타 애플리케이션 등이 그 대상이다. 그리고 콘텐츠를 본 순간의 단상까지 함께 기록하고 공유하여, 좋은 콘텐츠를 나누는 데에 조금이나마 도움이 되고 싶었다.

이런 기록에 인스타그램 스토리가 제격이었다. 콘텐츠 소개와 함께 링크를 올리면, 스토리를 본 뒤 '더보기'를 통해 콘텐츠에 바로 갈 수 있다. 피드에서 콘텐츠를 소개하고 프로필로 링크를 안내하는 것보다 훨씬 더 쉽게 콘텐츠 소개가 가능했다.

게다가 여러 장면을 연속적으로 올리면서 콘텐츠 매력을 다각도로 어필할 수 있었다. 콘텐츠 하이라이트 장면, 콘텐츠에 달린 댓글, 누군가의 추천사 등을 연속해서 올릴 수 있었다. 피드에서는 최대 열 개까지만 올릴 수 있고, 세로 화면은 잘려 보였지만 스토리에서는 세로 화면 전체를 보여줄 수 있었다. 그런 점에서 모바일로 소비하는 콘텐츠를 소개하기에도 딱이었다.

마지막으로는 다양한 인터랙션이 가능했다. 콘텐츠를 보며 들었던 생각을 메모 형태로 소개했다. 그런 뒤 콘텐츠에 대한 생각을 유도하는 인터랙션 스티커, 예를 들면 감상평을 들려달라는 부탁이나 "오늘 소개한 콘텐츠 어땠어요?" 같은 설문조사를 통해 즉각적인 피드백을 받았다.

'오늘의 인풋 소스'는 점점 자리를 잡아가고 있다. 내가 해볼 수 있는 숏폼 콘텐츠는 무엇일지 고민했고, 플랫폼 경쟁력을 파악했으며, 비어 있는 기록 영역을 찾아내 콘텐츠로 만들었다. 이 경험을 통해 나만의 숏폼 콘텐츠를 새롭게 만들었다는 희열과 함께, 새로운 기능을 활용해 콘텐츠 실험을 했다는 사실이 참 뿌듯했다.

간혹 포털 검색을 통해 생각노트 리뷰를 찾아보는 경우가 있다. 내 콘텐츠에 대한 독자들의 솔직한 피드백이 궁금하다. 그리고 부족한 부분을 알아내고 발전시키려는 목적으로 찾아본다.

요즘 리뷰를 찾아보면서 반가웠던 점은 인스타그램의 '오늘의 인풋 소스'를 이야기하는 분이 점점 많아지고 있다는 것이다. 그분들께 남겨주신 다양한 리뷰 중 가장 인상 깊게 남았던 코멘트는 단연 이것이었다.

> "스토리도 오리지널 콘텐츠 같다."

'오늘의 인풋 소스'를 기획한 의도가 고스란히 잘 전달된 것 같아 기분이 좋았다. 나의 또다른 기록이 누군가에게 가치 있는 콘텐츠로 닿았다는 점이 뿌듯하기도 했다. 기획도 어렵고 실행은 더 힘들지만, 이런 피드백을 들으면 모든 고생이 눈 녹듯 사라진다. 이 기회를 빌어 리뷰를 남겨 기분 좋은 하루를 만들어주시는 독자분께 진심으로 감사드린다는 말씀을 올려 본다.

사진과 영상이 없는
숏폼 콘텐츠 '미니북'

Think
Note

기록 행위의 본질은 변하지 않지만
기록 형태가 바뀌고 있다면
창작자는 그 흐름에 맞춰
최대한 예민하게 움직여야 한다고 생각한다.

진지하게 고민하기 전에 '나랑 안 맞아'라고 예단하기보다는
'해본다면 어떻게 할 수 있을까?'라는
열린 자세가 더 필요하지 않을까.

인스타그램 스토리로 만들어본 또 다른 콘텐츠에 대해 이야기
해보고자 한다. 스토리는 피드와 달리 옆으로 넘겨보는 포맷
을 갖고 있다. 게다가 올릴 수 있는 콘텐츠도 무한대에 가깝다.
어렴풋이 이런 생각이 들었다. 페이지를 옆으로 넘기며 마치
책을 읽는 경험과 비슷한 콘텐츠를 만들 수 있지 않을까 하는

생각. '미니북' 아이디어의 시작이었다.

새로운 콘텐츠인 만큼 새로운 형식을 기획했다. 내가 직접 생각노트 팔로워들을 '인터뷰'해보는 것이었다. 팔로워를 깊이 알아가고, 팔로워의 마음을 움직이는 질문을 던져, 관점이 담긴 날것의 생각을 기록하는 과정. 그 과정의 '플레이어'로 나서고 싶다는 바람이었다. 그 결과 떠올린 콘텐츠가 바로 '퀘스천북'이다.

'퀘스천북'은 내가 질문을 던지면 팔로워분들이 답변하고, 나는 이 답을 공유하는 'Q&A 콘텐츠'이다. 이 전체 과정의 각 부분에 이름을 붙였다. 내가 질문을 던지는 부분은 '오늘의 질문', 팔로워가 생각을 적어 보내주는 부분을 '오늘의 생각', 모인 답을 소개하는 부분을 '오늘의 대답'이라 이름 붙였다. 오늘의 질문 → 오늘의 생각 → 오늘의 대답이라는 순서를 통해, 책을 읽는 듯한 흐름을 만들었다. 아래는 그 질문과 답변이다.

> **• 생각노트의 질문**
> 내가 브랜드라면, 어떤 브랜드로 타인에게 인식되면 좋을까?

• **구독자들의 답변**

밝은 에너지와 선한 영향력을 주는 사람.

지혜롭고 자기색깔이 뚜렷한, 행복이 무엇인지 아는 사람.

본인의 가치를 알고 사랑할 줄 아는 사람.

• **생각노트의 질문**

좋은 기획이란 어떤 기획일까?

• **구독자들의 답변**

기획자의 의도와 메시지가 군더더기 없이도 효과적으로 타깃에게 전달되는 것.

소외되는 누군가를 만들지 않는 것.

사람들의 니즈를 절묘하게 연결해주는 기획.

• **생각노트의 질문**

이 시대의 어른에게는 무엇이 필요할까?

• **구독자들의 답변**

어디에서나 누구게나 배울 수 있다는 유연한 마음가짐!

낮은 곳으로 어려운 곳으로 항상 향하는 어른.

그럴 수 있어, 그러라 그래, 오히려 좋아! 마음가짐.

예상했던 것보다 많은 답변이 도착한 까닭에, 추첨을 통해 소개된다는 문구를 적어놓아야 할 정도가 되었다. 이 스토리 콘텐츠로 '생각'하고 갈 수 있어서 좋았다는 메시지도 있었고, 다른 사람들의 생각도 천천히 읽어보고 싶으니 항상 볼 수 있도록 게시해달라고 부탁하는 분도 계셨다. 이런 피드백을 받으면, 앞에서 한 차례 언급했던 것과 같이 내가 한 기획이 많은 사람에게 도움이 됐다는 뿌듯함이 들면서 그 어떤 고생도 싹 잊어버리게 만든다.

'퀘스천북'은 생각노트 인스타그램 프로필에 하이라이트로 고정해뒀다. 팔로워들의 요청 때문에 게시해뒀는데, 시간이 날 때마다 내가 들어가서 보고 있다. 브랜드에 대한 고민을 할 때는 브랜드 질문을 꺼내서 다른 사람들의 생각에서 힌트를 얻고, 기획에 대한 고민을 할 때는 기획에 대한 여러 사람의 생각에서 힌트를 얻는다. 그리고 놀랍게도, 답변들을 보고 있자면 좋은 아이디어가 번뜩일 때가 있다.

지금까지 인스타그램에서 어떤 숏폼 콘텐츠를 기획하고, 만들어봤는지 적어봤다. 특히 '글'을 쓰는 사람에게는 숏폼이 더 어려운 것 같다. 게다가 나는 쓰기 시작하면 구구절절 설명하는 타입이라, 줄이는 것이 참 힘들다.

그럼에도 앞으로 내 역할이 의미 있는 곳에서 계속 도전해보려 한다. '기록'이라는 행위는 바뀌지 않지만, '기록의 형태'는 얼마든지 바뀔 수 있다고 생각한다. 시대가 흐르면서 새로운 콘텐츠 플랫폼은 끊임없이 등장할 것이고, 독자는 그곳으로 옮겨가 콘텐츠를 소비할 것이다.

가장 중요한 것이 있다면, 그곳에서 내가 선보일 수 있는 '오리지널리티'이다. 모두가 그곳에 있더라도, 나만이 선보일 수 있는 독창성이 없다면, 의미 없는 일에 힘을 빼는 일이 될 수도 있기 때문이다.

끊임없이 기록의 형태를 고민하고, 새로운 변화가 있다면 도전하는 쪽으로 무게를 두고 생각해봐야 한다. 진지하게 독자가 있는 곳에서 내가 할 수 있는 역할이 무엇인지 고민해보는 기회 자체에 가치가 있다고 생각한다. 내가 잘 할 수 있는 것, 나의 역할에 대해서 그만큼 치열하게 고민해볼 때가 없기 때문이다. 내게는 현재 영상 플랫폼에 고민이 그렇다. 이에 대한 이야기는 뒤에서 더 자세히 다뤄보고자 한다.

'누구'에게 '언제까지'
콘텐츠를 홍보해야 할까?

SNS 광고는 소액으로 내 콘텐츠를 평가받을 수 있는 방법이다.

또한 내 콘텐츠의 타깃, 세일즈 포인트, 반응 데이터를
얻을 수 있는 소중한 기회다.

'내 것'을 잘 파는 사람이 되자.
물론, 마음이 급하다고 해서 어뷰징은 금물이다.

"생각노트 블로그는 어떻게 알려지게 됐나요?"

생각노트가 알려진 '시작점'을 궁금해하는 질문이 많았다. 아
마 많은 사람들이 '내 채널'은 가지고 있지만 이를 알리는 것
이 쉽지 않기에, 이 부분을 가장 궁금해하는 것 같다. 결론부터

말하고 글을 시작해보고자 한다. 직접 '마케터'가 되어, 내 콘텐츠의 광고를 '직접' 해보시라는 것을 말이다.

처음 생각노트를 알려보려 했을 때, 막막했던 기억이 생생하다. 잘 알려진다는 건 어떤 의미일까, 1인 채널이 잘 알려지기 위해서는 무엇이 필요할까, 어떤 방법으로 마케팅을 해야 할까 그런 생각으로 퇴근 후 시간을 보냈다.

고민 끝에 정했던 첫 목표는, '초기 수신자'를 잡자는 것이었다. 나의 글을 가장 먼저 받아보는 그룹을 '초기 수신자'로 정의했다. 이 '초기 수신자'를 딱 천 명까지만 확보해보자는 플랜을 세웠다. 어떻게든 천 명의 독자가 모이면, 글이 퍼져나갈 수 있는 시드seed가 될 수 있었다. 그때부터는 좋은 콘텐츠라면 자연스럽게 바이럴이 될 수 있을 것이라 생각했다.

천 명을 모으는 데는 분명 적지 않은 시간과 노력이 들어간다. 그래서 한 번 모을 때 효율적으로 잘 모으고 싶었다. 그런 차원에서 정한 초기 천 명은 '직함'을 가지고 있는 사람이었다.

어떻게 보면 조금은 비겁한(!) 방법일 수 있다. 직함을 가졌는지에 따라 내가 독자를 선택하려 했으니 말이다. 하지만 홀로 이 프로젝트를 이끌어가고 있는 입장에서 자원이 많지 않았다. 게다가 본업도 있었다. 본업 이외의 시간만을 사용해야 했고, 글을 꾸준히 쓰는 것만으로도 벅찼다. 그래서 내가 모은 한 명의 구독자가 최대한 '넓은 영향력'을 가진 사람이어야 했다. 즉, 한 번의 공유로 최대한 많은 사람에게 영향을 미칠 수 있는 독자가 필요했던 것이다.

그래서 '페이스북 페이지'를 만들었다. 당시 페이스북 페이지 인기는 절대적이었다. 각종 영상, 움짤, 이미지 등의 엔터테인먼트 콘텐츠 대부분은 이곳으로 유통되고 있었다. 많은 사용자는 수시로 페이스북에 들어와 끝없는 피드를 내려가며 콘텐츠를 소비하고 공유했다. '페이스북 페이지'는 콘텐츠를 알리기 좋은 최고의 유통 채널이었다. 게다가 페이스북에서는 개인도 얼마든지 광고를 할 수 있다는 장점도 있었다. 1,000원만 있어도 광고 집행이 가능했다.

그래서 빠르게 페이스북 페이지를 만들어서 오픈했다. 그 뒤 블로그 글을 페이지에 올렸고, 그 포스트를 광고로 집행했다. 타깃 설정은 다음과 같았다.

- 3040이며
- 직장을 다니고
- 직함이 있고(구체적으로 '디렉터director'를 겨냥했다)
- 마케팅과 브랜드를 좋아하는 사람 (구체적으로 마케터marketer를 겨냥했다)

나의 콘텐츠는 텍스트 위주의 롱폼 콘텐츠다. 그래서 1020보다는 3040에게 더 매력적일 것이라는 판단했다. 그리고 직장에서 어느 정도 높은 위치에 있다면 내 글을 읽고 주위에 자발적으로 공유해줄 때 영향력이 크고, 트렌드에 관심 있는 사람에게 내 콘텐츠가 맞다는 가설이 반영된 타깃 설정이었다.

조금이나마 내 콘텐츠가 알려지기 위해서는, 이미 입증된 타깃에게 내 콘텐츠를 내보이는 것이 제일 나은 방법이다. 이는 아직도 중요하게 생각하는 부분이다.

- 나의 생각을 누가 좋아할까?
- 사적인 생각으로 만든 콘텐츠는 누가 좋아할까?
- 기록이 콘텐츠가 되기 위해서는 어떤 사람에게 닿아야 할까?

그럼, 광고 결과는 어땠을까. 광고는 효과적으로 집행됐다. 3040이며 직장을 다니고 '직함'을 달고 있는 타깃에게 콘텐츠가 노출되었다. 그리고 예상했던 가설대로, 내 콘텐츠가 공유되기 시작했다. 직함을 단 위치에 있다 보니 페이스북 친구가 대체적으로 많았다. 그 덕분에 다른 직함을 가지고 있는 사용자에게 확장될 수 있었다. 그리고 콘텐츠를 본 사람들이 다시 생각노트 페이스북 페이지를 팔로잉하는 선순환 흐름이 만들어졌다.

페이스북 광고를 직접 진행하며 '내 것'을 알리는 마케터가 되어봤다. 마케터를 직업으로 삼고 있었지만 그럼에도 불구하고 늘 아쉬웠던 점은 정작 내 것을 마케팅해본 적이 없다는 것이었다.

물론 마케팅에는 돈이 필연적으로 들어가게 되니, 있어 보이는 광고는 돈 많이 버는 기업에서 나올 확률이 크다. 그런 것들을 만들어보고 싶어서 회사에 들어왔지만, 엄밀히 말하면 내 것을 하는 것은 아니었기에 성취감만 있을 뿐 소유감은 상대적으로 덜했던 것이 사실이다. 내 것을 직접 만들고, 팔아보면서 소유감과 성취감을 함께 느낄 수 있는 경험이었다.

그리고 소중한 '데이터'를 획득하게 된 것도 수확 중 하나다. 몇 명에게 도달되었고, 클릭한 사람은 몇 명이고, 클릭당 단가는 얼마인지 데이터를 알 수 있었다. 또한 여러 광고 집행 결과를 비교해보면서, 어떤 류의 카피로 광고를 했을 때 타깃 반응이 좋은지도 알 수 있었다. 콘텐츠를 직접 팔아보니, 어떤 콘텐츠가 뜨는 콘텐츠인지, 어떻게 콘텐츠를 홍보해야 하는지 감을 잡아갔다.

'콘텐츠'가 되기 위해서는 퀄리티도 중요하겠지만, 발견 역시 정말 중요하다. 어떻게든 발견이 되어야 하고, 어떻게든 알려져야 한다. 그래야 생각이 콘텐츠가 된다. 백 명을 모아 그중 한 명이 내 콘텐츠를 공유한다면, 천 명을 모으면 그중 열 명이 내 기록을 공유할 수 있다. 노출이 많아야 더 많이 콘텐츠를 알릴 수 있다.

채널을 만들었다면 딱 천 명까지만 팔로워를 모아보자. 그 이후부터는 콘텐츠가 좋다면 자연스럽게 알려지게 될 것이다. 그리고 분명 천 명을 모으기까지의 과정 동안 광고비 이상의 교훈을 얻을 것이다.

소액이라도 괜찮다. 나는 한 달에 10만 원 내외로 광고를 집행했다. 그럼에도 천 명을 모으는 데는 3-4개월 정도 걸렸다. 그리고 천 명을 넘어서자 그 이후부터는 광고를 하지 않아도 좋은 콘텐츠만 생산하면, 팔로워가 빠르게 늘어났다. 일단 발견되어야 한다. 발견이 되어야 콘텐츠가 될 수 있다.

'날것'의 생각을
빠르게 기록하려면?

기록을 어떻게 시작해야 할지 모른다는 분께는
늘 '트위터'를 추천드리고 있다.

140자 글자수 제한이
묘하게도 기록을 부담 없이 만들어준다.

게다가 대부분이 익명으로 운영하기에, 주변 사람을
신경 쓰지 않은 채 100% 날것의 내 생각을 기록할 수 있다.

처음 들어간 트위터는 신기한 곳이었다. 140자가 넘으면 '발
행' 자체가 불가능했다. 아무리 생각해도 이해할 수 없는 시스
템이었다. 하고 싶은 말도 편하게 못 적게 하는 불편한 서비스
가 또 있을까 싶었다.

싸이월드로 '소셜 네트워킹'을 처음 경험하고, 그 다음 페이스북으로 옮겨와 하고 싶은 말을 맘껏 쏟아내며, 좋아요와 댓글에 익숙해져 있던 내게 트위터는 복잡한 세계였다. 결국 트위터를 이해하고 적응하는 건 쉽지 않았고, 급격히 흥미가 떨어져서 트위터를 지웠다. '다시 만날 일은 없을 것 같군' 이런 생각을 하면서.

생각노트를 1년 정도 운영했을 때, 뉴스레터 구독자도 점차 많아지면서 '생각노트'라는 브랜드가 알려지기 시작했다. 나의 생각과 기록이 콘텐츠로서의 가치로 입증되는 뿌듯한 순간이기도 했지만, 한 가지 아쉬운 점도 있었다. 바로 '날것의 기록'이 사라졌다는 것이었다.

생각노트가 잘 알려지기 전에는 블로그에 짧은 100자라도 고민 없이 발행했다. 그 덕분에 기록하지 않으면 사라지고 마는 많은 생각을 잡을 수 있었다. 하지만 지켜보는 분들이 생겨나자, 정제되지 않은 날것의 생각을 기록하는 것 자체가 망설여지기 시작했다. 성의 없어 보이지 않을까, 기대에 못 미쳐 보이지 않을까, 스팸처럼 느껴지지 않을까, 많은 걱정이 기록을 주저하게 만들었다.

그래서 찾게 된 곳이 '트위터'였다. 트위터는 '텍스트' 포맷을 기본으로 한다. 텍스트로만 채워진 콘텐츠를 올려도 전혀 어색하지 않다. 게다가 처음 만났을 때는 불친절로 느껴졌던 '140자 제한'이 이제는 고맙게 느껴졌다. 140자 제한 덕분에 길게 올리지 않아도, 꽤 괜찮은 콘텐츠처럼 보일 수 있었기 때문이다.

접근성도 마음에 들었다. 어떤 생각이 들면 트위터 화면 하단에 있는 '쓰기' 아이콘을 눌러 바로 기록할 수 있었다. 간단하고 신속하게 올릴 수 있었다. '기록'에 있어서 편리성과 신속성은 정말 중요한 요소이다. 아무리 기록 도구가 좋아도 빠르게 적지 못하고, 불편하고, 귀찮아지면 외면하게 된다. 그런 점에서 트위터는 그 어떤 SNS보다도 빠르고, 편리하게 생각을 기록하는 데 좋은 도구였다.

그렇게 트위터에 다양한 생각을 기록했다. 블로그에는 적지 못했던 블로그 운영 일기를 쓰기도 하고, 어떤 감정이 드는 순간 그 감정을 올리기도 했다. 관찰한 것, 발견한 것, 느낀 것, 바뀌면 좋을 것 같은 아이디어까지 트위터에 쏟기 시작했고, 이런 습관을 갖추면서 다시 날것의 생각을 기록하게 됐다. 트위터는 생각노트의 다양한 채널 중, 가장 원초적인 내 생각을 기록할 수 있는 도구이다.

어떻게 기록을 시작해야 할지 모르겠다고 망설이는 분들의 질문을 많이 받았다. 그럴 때마다 했던 말은 일단 써보라는 것이었고, 추천드리는 건 트위터였다. '140자 제한' 기능이 있으니 길게 써야 하는 부담감이 없다. 또한 '제대로 된' 기록을 남겨야겠다는 고정관념에서 해방될 수도 있다. 트위터는 기록 자체에 충실할 수 있는 툴이다.

조심스러운 추측이지만, 지금의 SNS 서비스 중 트위터가 가장 오래 살아남지 않을까 싶다. 인류가 그동안 해왔던 기록 타입(텍스트)에 충실하고 있는 점, 트위터만의 독특한 세계가 서비스를 망가뜨리는 어뷰징을 막고 있는 점, 허세와 상업적 콘텐츠가 통하지 않는 유일무이한 SNS라는 점에서 오랫동안 우리 곁을 지킬 것이라는 생각이 든다.

독서 일기장을
트위터로 쓰는 이유

Think
Note

책에서 발견한 좋은 문장을 기록하기 위해
트위터의 '타래' 기능을 사용하고 있다.

좋은 문장을 하나의 세트로 모으는
타래 사용을 추천한다.

다른 SNS에서는 볼 수 없는 트위터만의 기능 중 하나는 바로
'스레드thread'라고 불리는 '타래' 기능이다. 이 기능은 하나의 트
윗에 또 다른 트윗을 이어 쓸 수 있는 기능이다. 이 기능 덕분에
트위터에서는 주로 연속적이고, 아카이빙이 필요한 콘텐츠를
기록하고 있다. 하나는 독서 일지, 다른 하나는 콘텐츠 일지다.

책을 읽다 보면, 좋은 문장을 수집하고 싶은 욕심이 생긴다. 좋은 문장을 더 많은 사람과 나누고 싶고, 이 책을 더 많은 사람이 읽어주면 좋겠다는 욕심도 생긴다. 그럴 때 가장 먼저 떠오르는 것이 바로 트위터이다. 텍스트 콘텐츠는 텍스트 기반 SNS에서 가장 쉽게 담기는 법이기도 하고, 책에서 발견한 좋은 문장들을 기록하고 하나의 콘텐츠로 묶을 수 있기 때문이다.

기록법은 간단하다. 기록하고 싶은 문장을 발견하면 트위터를 켠 뒤 문장, 책 제목, 저자 이름을 적는다. 그 뒤 책의 문장과 다르게 적은 부분은 없는지 체크한 뒤 발행 버튼을 누른다.

독서 경험상, 한두 번 좋은 문장이 나오기 시작한 책은 여러 번 나오기 마련이다. 그럴 때 진가를 발휘하는 것도 바로 트위터의 '타래' 기능이다. 가장 처음에 올린 트위터에 '답글' 식으로 두 번째, 세 번째, 네 번째 문장을 이어가면서 기록할 수 있다. 그래서 문장을 발견할 때마다 이전에 올렸던 트윗을 찾아 그 아래 추가해나간다. 그럼 새로 발행한 트윗을 보면서 그 전의 트윗도 함께 읽을 수 있다. 기록하는 사람, 기록을 보는 사람 모두에게 쓸모 있는 기능이다.

완독한 뒤 그 트윗들만 보고 있자면, 독서가 정리되는 느낌이 든다. 책에서 좋았던 문장을 '세트'처럼 볼 수 있다. 그때의 뿌듯함은 그 어느 수집가가 느끼는 뿌듯함 못지않게 크다. 그리고 나중에 책에 대한 기억이 흐릿해질 때쯤, 트윗을 보는 것만으로 책의 내용이 자연스럽게 떠오른다. 심지어 어떤 때에는 책을 읽었을 당시의 분위기나 향, 심지어 같이 듣던 노래까지 떠오르기도 한다. 기록이 기억을 소환한다는 말을 다시 한번 느낀다.

내가 좋아서 오래 하고 있는 기록이지만, 어떤 분들은 이를 '책 큐레이션' 콘텐츠로 받아들인다. 실제로 내가 올린 트위터의 좋은 문장을 보고 책을 구매했다는 분도 계셨고, 인생책을 만나게 됐다며 감사하다는 메시지를 받기도 했다. 기록이 콘텐츠가 되어 누군가의 책 선택에 조금이나마 도움이 된 것이다.

책과 문장을 좋아하는 분이라면 트위터 계정을 만든 뒤, 읽던 책의 문장을 하나씩 올려보자. 몇 단어도 괜찮고, 한 줄 문장도 괜찮다. 트위터는 그래도 괜찮은 공간이다. 찾아보는 계정이 되기 위해 조금의 기획성을 가미하자면, 좋은 문장을 매일 소개해주는 '오늘의 문장'이나, 타이핑으로 문장 필사를 하는 '타이펑 필사' 같은 콘셉트를 가지고 운영해보는 것도 좋을 것 같다. 나의 기록이 누군가에게 북 큐레이션으로 다가간 것처럼, 여러분의 기록도 콘텐츠가 될 수 있다.

생각노트 @insidestory_kr · 2월 22일

"그 짧은 문장에 서른이란 단어를 세 번이나 쓰다니 신피질의 재앙이네요. 스무 살, 서른 그런 시간 개념을 담당하는 부위가 두뇌 바깥 부분에 신피질입니다."

♡ 1   ⇄ 9   ♡ 17

생각노트 @insidestory_kr · 2월 22일

"고양이는 인간과는 다르게 신피질이 없죠. 그래서 매일 똑같은 사료를 먹고, 매일 똑같은 집에서, 매일 똑같은 일상을 보내도 우울해하거나 지루해하지 않아요. 그 친구한테 시간이라는 건 현재 밖에 없는거니까요."

♡ 1   ⇄ 10   ♡ 8

생각노트 @insidestory_kr · 2월 22일

"스무 살이니까 서른이라서, 곧 마흔인데 시간이라는 걸 그렇게 분초로 나누어서 자신을 가두는 종족은 지구상에 인간밖에 없습니다. 오직 인간만이 나이라는 약점을 공략해서 돈을 쓰고, 감정을 소비하게 만들죠. 그게 인간이 진화의 대가로 얻은 신피질의 재앙이에요."

♡ 1   ⇄ 20   ♡ 16

생각노트
@insidestory_kr

@insidestory_kr 님에게 보내는 답글

"서른도, 마흔도 고양이에겐 똑같은 오늘일 뿐입니다."

/ 드라마 <이번 생은 처음이라> 중에서

오후 8:03 · 2021년 2월 22일 · Twitter for iPhone

생각노트
@insidestory_kr

(중략) 가장 중요한 것이 바로 리더가 '우선사항'을 반복적으로 명확하게 전달하는 일이다. (중략) 리더가 우선사항을 명확하게 제시하지 못하면 주변 사람들은 일할 때 무엇에 우선순위를 두어야 하는지 알지 못한다. 시간과 에너지, 자본이 낭비되고 마는 것이다. / 책 <디즈니만이 하는 것> 중에서

오전 10:45 · 2021년 1월 30일 · Twitter for iPhone

42 리트윗 102 마음에 들어요

♡   ⇄   ♡   ⬆

생각노트 @insidestory_kr · 1월 31일

@insidestory_kr 님에게 보내는 답글

협상에 들어갈 때 가장 경계해야 할 것은, 그저 분위기를 좋게 만들기 위해 상대방이 듣고 싶어 하는 무언가를 제안하거나 약속하는 일이다. (중략) 단지 협상 과정을 출발시키기 위해 혹은 대화를 이어가기 위해 상황을 오도한다면 궁극적으로는 불리한 결과만 초래된다. / 책 <디즈니만이 하는 것>

♡   ⇄ 3   ♡ 5   ⬆

콘텐츠 일지도 콘텐츠가 된다

Think
Note

콘텐츠를 기록할 때도
적극적으로 타래를 사용하고 있다.

타래를 활용하면 글쓰기가 쉬워진다.
타래가 글의 개요 역할을 한다.

내가 콘텐츠를 기록하는 것도 책 문장 수집과 다르지 않다.
콘텐츠를 소비하다 보면 중간에 어떤 생각이 들 때가 있다.
JTBC에서 방영한 〈트래블러〉를 보며 함께 여행하는 장점에
대해 생각해보기도 하고, 넷플릭스 〈던 월〉 다큐멘터리를 보
면서 어떻게 저 사람은 불가능에 계속 도전할 수 있게 되었을

까 생각해보기도 한다. 〈뷰티 인사이드〉 드라마에서는 얼굴이 바뀐다는 것을 간접 경험하며 저럴 때는 저런 감정이 들 수 있 겠구나 싶기도 하고, 〈멜론 뮤직 어워즈〉의 무대를 보면서 무 대 기획과 구성이 참 세련됐다는 생각이 들기도 한다.

이처럼 영상에 대해 느낀 점을 적어내려가는 걸 트위터에서는 '시청 타래'라고 부른다. 트위터에서는 이 시청 타래를 적는 사 람들이 많다. 이 시청 타래를 보고 있으면, 나와 비슷한 생각을 발견하기도 하고, 나는 차마 생각 못했던 점을 새롭게 발견하 기도 한다.

타래에 콘텐츠 기록을 하다 보면, 책을 기록하는 것과는 다른 새로운 장점을 만나게 된다. 책을 기록하는 것은 책의 문장을 '필사'하는 것에 가깝다면, 콘텐츠를 기록하는 것은 나의 생각, 나의 해석이 기록될 확률이 크다. 그렇기에 나의 생각이 콘텐 츠가 될 수 있는 확률은, 책의 문장을 기록하는 것보다 콘텐츠 를 기록할 때 더 크다.

'타래' 형식을 활용해 기록을 하면 제대로 된 콘텐츠로 만들 기도 보다 수월해진다. 한 편의 글을 곧바로 처음부터 끝까지 쓰는 것은 부담이지만, 타래를 이용해 하나씩 포인트를 적으면 글 쓰는 게 훨씬 쉬워졌다. 일단 앞뒤 연결을 신경 쓸 필요도 없고, 문장을 화려하게 만들 필요도 없다. 게다가 한 트윗당 140자로 담아야 하니 장황해지지도 않는다. 딱, 내가 하고 싶은 말, 나의 메시지만 알차게 담길 수 있다.

예를 들어볼까. 〈유튜브 뮤직〉이 한국 앱스토어에 처음 출시됐을 때, 앱을 처음 써보고는 이런 타래를 남겼었다.

> **느낀점 1.** 〈유튜브 뮤직〉 앱을 설치했다. 뮤직 스테이션 기능이 신박. 내가 유튜브에서 들었던 음악 + 추천하는 노래를 섞어서 리스트를 만들어줌. 내가 노래를 선택할 필요없이 뮤직 스테이션 기능을 통해 라디오처럼 계속 내 취향의 노래를 들을 수 있음. 새로고침마다 리스트가 달라져서 좋음.
>
> …
>
> **느낀점 3.** 〈유튜브 뮤직〉의 최고 강점은, 정식으로 발매되지 않은 음악 콘텐츠를 '음악처럼' 즐길 수 있는 점이 아닐까 싶다. 예를 들면 버스킹 영상을 보고 이분 노래가 너무 좋아서 노래만 계

속 듣고 싶은데 멜론, 벅스에는 이 음원이 없는 것. 창작자와 사용자가 다이렉트로 만나는 시작.

느낀점 4. 가수를 검색하면 가수의 팬들이 만들고 공개 설정한 재생목록을 들을 수 있다. 예를 들면, '아이유가 부른 다른 가수 노래' '방탄소년단 피아노곡' '트와이스 발라드 모음'과 같은 형태. Fan made 콘텐츠가 차별화된 큐레이션이 되면서 다른 곳에는 없는 독점적 콘텐츠를 갖추게 됨.

(2018.4.12)

이렇게 적은 걸 글로 정리해봐도 좋겠다 싶어서 바로 글로 옮겼다. 느낀 점을 순서대로 써 내려갔다. 140자 제한으로 차마 설명하지 못했던 것을 덧붙이고, 문장을 다듬었다. 그랬더니 1시간 후, 한 편의 글이 내 눈 앞에 나타났다. 타래로 시작해 콘텐츠로 끝난 것이다.

이렇게 타래는 '글의 뼈대'가 된다. 하나의 트윗이 하나의 포인트, 하나의 메시지가 될 수 있다. 한 트윗을 한 문단에 담고, 그 문단을 이으면 글이 된다. 이를 활용해 개요부터 적어보자. 개요를 쓰면 글로 만드는 것은 그리 어렵지 않다.

어느덧 트위터 N년차에 접어들었다. 하지만 여전히 트위터 세계에 대해 한 줄로 설명하라고 하면 머뭇거리게 된다. 느낌은 알겠는데, 이를 적확한 표현으로 확신 있게 말하기는 조심스럽다. 한 가지 확실한 점은, 트위터에는 생각과 기록을 좋아하는 사람들이 모여 있다는 것이다. 그리고 어떤 SNS보다 개인의 진실된 경험과 감상이 존중받을 수 있는 곳이다.

책을 쓰는 일

Think Note

생각노트가 선사한 최고의 경험은
'내 책'을 낸 것이다.

책과 글 쓰기를 좋아하는 나에게
'책'을 '쓰는' 일은
좋아하는 일을 두 배로 하는 것이기도 하다.

아직도 기억이 선명하다. 나의 첫 책《도쿄의 디테일》을 처음
으로 받았을 때였다. 회사에서 일을 하고 있었는데, 택배가 도
착했다는 알림을 받았다. 이미 편집자님께 갓 인쇄된《도쿄의
디테일》책이 도착할 것이라는 메시지를 보내주신 뒤였기에,
드디어 내 책이 왔음을 알 수 있었다.

택배를 찾으러 엘리베이터를 타고 가는 길, 택배 상자를 수령했을 때의 묵직함, 택배 상자를 열어서 책을 처음 마주했을 때의 설렘, 그리고 편집자님께서 나의 첫 책을 축하한다며 함께 보내주신 꽃다발까지(이 꽃다발은 잘 말린 뒤 아직까지 내 회사 책상에 꽂혀 있다), 아직까지 모든 것이 생생하게 기억난다. 죽기전 꼭 이루고 싶었던 '내 책'을 만나게 된 순간이기 때문이다.

《도쿄의 디테일》디지털 리포트가 좋은 반응을 얻고, 얼떨결에 종이책까지 바로 이어서 내며, 내 이름 앞에 '작가'라는 호칭이 붙었다. 하지만, 아직도 세상에 내 책이 존재한다는 것이 신기하다. 서점에서 '생각노트'를 검색하면 책이 나오는 것도 신기하고, 매대 위에 내 책이 누워 있는 것도 신기하다. 내 책을 내게 추천해주는 지인이(물론, 그 지인은 내가 생각노트인지 모른다) 있다는 것도 신기한 일이고, 포털에 책 이름을 검색하면 나오는 것도 신기한 일이다.

책을 내는 건 내게 큰 도전이었다. 나는 익명으로 활동하는 블라인드 창작자였다. 상업 출판된 책의 저자 소개를 보면, 십중팔구 저자가 누구인지 공개되어 있다. 자신의 이름을 밝히고, 학력, 경력, 강연, 경험, 저서를 나열하며 해당 분야의 전문가

임이 잘 표현되어 있다. 그래서 익명으로 활동하는 내게 저자가 된다는 것이 과분한 욕심이라는 생각이 있었다. 게다가 잘 안 팔리면 출판사에 대단히 미안해지는 일이었다.

또 다른 도전은 완결성이었다. 많아야 몇천 자 정도 분량의 글을 발행했던 내가, 수백 페이지에 이르는 완결성을 가진 창작물을 만들려 하니 결코 쉬운 일이 아니었다.

책을 쓰면서 얼마나 머리를 쥐어뜯었는지 모르겠다. 괜히 계약을 했다는 생각에, 출판사에 계약을 무르자고 연락을 할까 진심으로 생각하기도 했다(지금 이 책도 마찬가지였다). 마음이 답답해지면 산책을 나가 식히고 들어왔고, 마감이 다가오면 깊게 잠들지 못했다. 내공이 없는 내가 너무 무턱대고 책을 쓴다고 했구나 싶었다. 다음에는 절대 책 계약은 안 해야지 굳게 다짐하면서 한 줄 한 줄 채워나갔다.

그러나 신기하게도 책을 막상 접하면, 그간의 고생은 곧바로 강렬한 성취감으로 대체된다. 생각노트로 지내며 다양한 성취감을 느꼈지만, 책만큼 큰 규모의 성취감은 아직까지 없었다. 새로운 창작 과정의 도전이었고, 디지털에서 시작해 아날로그로 나아갔으며, 결과가 어찌됐든 책을 펴낸 것 자체가 기록 생활을 하면서 경험할 수 있는 최고를 경험했다는 생각이다. 익명의 저자지만, 콘텐츠만으로 책을 구매해주시는 고마운 독자분들을 보며 생각노트의 가능성을 엿볼 수도 있었다.

책을 읽는 것을 좋아하고, 글을 쓰는 것을 좋아하는 사람으로서 '책'을 '쓰는' 건 분명 좋아하는 일을 두 배로 하는 것이라 기쁜 일이면서도, 그래서 잘하고 싶다는 생각 때문에 두 배 이상 힘든 일인 것도 사실이다.

하지만, 생각노트의 여정이 내게 선사한 최고의 경험이라는 점, 나의 생각이 콘텐츠가 될 수 있는 확실한 방법이라는 점, 디지털로는 닿지 못하는 독자를 만날 수 있다는 점에서 책을 쓰는 일을 계속 해나갈 것이다. 지금 힘들게 쓰고 있는 이 원고도, 막상 책으로 만나고 나면, 힘들었던 모든 것이 눈 녹듯 싹 잊혀질 것이다. 그리고 금세 이런 생각을 할 것이다. 또 이런 책을 쓰고 싶다는 생각을.

유튜브는 안 하시나요?

Think
Note

모두가 유튜브로 모이고 있다.

연예인의 유튜브 시작 소식은 이제 평범해졌고,
분야를 막론하고 많은 창작자들이 유튜브로 집결하고 있다.
그래서 이 질문도 정말 많이 받는다.

"생각노트님은 유튜브 안 하시나요?"

영상에 대해 관심이 없는 것은 아니다. 앞에서 이야기했던 것
처럼, 중고등학교 때 한창 〈무한도전〉에 빠졌었는데, 이로 인
해 PD가 되고 싶다는 꿈이 있었다. 그래서 영상 제작자 편집
에 관심이 있었고, 영상 공모전에 출품해 작은 수상을 하기도
했다.

대학에 와서 했던 대외 활동 대부분도 영상 제작이었다. 영상 팀에 들어가 홍보 영상이나 콘셉트 영상을 제작했다. 그래서 영상 제작 편집 프로그램인 프로미어프로도 어느 정도 사용할 줄 알고, 그래서 막상 시작한다면 어렵지 않게 시작해볼 수 있는 분야가 영상이기도 하다. 그래서 유튜브에 도전해보기 위해 진지하게 고민을 해봤다. 앞에서 언급한 것처럼, 창작자는 대중을 따라가야 하고, 대중이 원하고 있는 플랫폼이고 콘텐 츠이기에 진지하게 고민하는 것이 당연하다고 생각했다.

하지만, 오랜 고민 속에서도 아직까지 유튜브가 머뭇거려지는 건 '콘텐츠'에 대한 확신이 부족하기 때문이다. 나만의 독창성 있는 콘텐츠를 만들 수 있을까 싶다. 내가 생각노트라는 부캐로 해볼 수 있는 영상 콘텐츠가 무엇이 있을까 했을 때 막상 떠오르지 않는다. 영상은 '보여지는 것'의 정점인 매체다. 사람이 거의 필수적으로 드러나야 한다. 비록 드러나지 않는 콘텐 츠도 있지만 손에 꼽을 정도다. 외모, 목소리로 어필하는 콘텐 츠가 대다수고, 영상을 찾아서 보는 분들도 '보는 맛' 때문에 유튜브를 즐긴다.

익명으로 활동하고, 정체를 숨기고 있는 생각노트 부캐로서는 유튜브에서 해볼 만한 콘텐츠가 아직은 마땅치 않다. 그보다는 내가 잘할 수 있는 것에 더 집중하려고 한다. 예를 들면 유튜브 영상 한 편을 만드는 시간에 블로그 글 두 개를 쓸 수 있다면, 블로그 글을 쓰는 것이 내게 더 맞는 방식이 아닐까. 결국 이것도 우선순위의 문제이다.

그래서 열려 있는 자세와 유연함도 물론 필요하지만, 결국 그럼에도 가장 중요한 것은 '내 문법'이라는 것이 요즘의 솔직한 생각이기도 하다. 아무리 대중이 원해도 내가 할 수 없다면 결국 못하는 것이다. 새로운 창작에 대해 관심을 가지고, 움직임에 대한 열린 자세는 지녀야 하지만, 그것의 결말이 꼭 '반드시 해야 하는 것'은 아닐 수 있다고 생각한다.

그리고 오래 하려면, 내가 좋아해야 하고 내 성향과 맞아야 한다는 게 지난 5년간 배운 점이다. 그리고 다른 사람들을 따라 하는 것보다, 나만의 원칙을 가지고 집중했을 때 더 좋은 성과를 얻었다. 나의 경우는 이런 원칙이 있었다.

> 내가 좋아하는 활자 콘텐츠를 잘 소비하고, 생산하고, 유통하기.

내가 좋아하는 것을 '활자 콘텐츠'로 규정짓고 내가 할 수 있는 역할을 찾아봤다. 그래서 책, 신문, 잡지를 소비하고, 블로그와 뉴스레터를 생산하고, 인스타그램, 페이스북, 트위터를 통해 콘텐츠를 유통하고 있다. 나에게 잘 맞는 문법이 무엇인지 고민해본 결과이기도 하다.

마지막으로, 텍스트에 대한 강한 믿음도 텍스트에 남고 싶은 이유다. 콘텐츠 창작 플랫폼이 유튜브로 단일화될 것 같진 않다. 유튜브는 유튜브대로, 텍스트는 또 텍스트대로 각자의 고유한 영역을 지켜낼 것이라는 믿음이 있다. 라디오가 등장하고, TV가 등장해도 활자 콘텐츠는 살아남았다. 원하는 정보를 빠르게 습득할 수 있는 소비적 관점에서, 내 생각을 빠르게 기록할 수 있다는 생산적 관점에서 모두, '텍스트'는 훌륭한 창작 플랫폼이라 할 수 있다. 지속 가능한 기록 생활을 위해, 지속 가능한 텍스트 플랫폼에 머무르고 싶다.

3장

•

생각의 재료를 모으는
인풋 루틴

내 핏(fit)에 맞는 재료

Think
Note

세상의 모든 콘텐츠를 다 보고,
다 내 것으로 만들겠다는 생각에
모든 순간을 남기려던 때가 있었다.

콘텐츠 강박은 심한 피로감을 남겼고,
아무리 노력해도 모든 것을 내 것으로 만들 수는 없었다.
중요한 것은 나에게 맞는 핏(fit)이었다.

생각을 기록하고, 이를 콘텐츠로 만드는 데 있어서 중요하게
생각했던 것이 있다. 바로 '인풋 소스 루틴'이다. 생각은 절대
그냥 만들어지지 않는다. 인풋이 있어야 그만큼 아웃풋이 나
오고, 인풋의 퀄리티에 따라 아웃풋의 퀄리티가 크게 달라지
기도 했다. 좋은 재료로 음식을 만들어야 음식 맛이 훌륭하듯,

좋은 콘텐츠도 좋은 재료로 만들어야 질이 좋았다.

그래서 생각노트 부캐 생활을 시작하면서 인풋 소스를 루틴화했다. 아침에 일어나 종이 신문을 읽고, 출근하면서는 전자책 리더기로 책을 읽고, 퇴근할 때는 팟캐스트를 들으면서 집에 온다. 주말에는 태블릿으로 잡지를 읽고, 영화, 드라마, 다큐멘터리를 보며 시간을 보낸다. 이런 루틴이 5년간 자리 잡았으며, 이제는 뭐 하나 빼먹으면 찝찝해지기까지 한다.

많은 분들이 묻는 질문 중 하나는 '어디서 영감을 받는가'이다. 솔직히 이 질문을 받을 때마다 조금은 난처하다. 그저 내가 좋아하는 인풋 소스를 루틴화해서 꾸준히 오래 습득하고 있는 것밖에 없기 때문이다.

그럼에도, 이 장을 쓰기로 한 건 내가 찾은 콘텐츠 소화 방법이 누군가에게는 도움이 될 수 있지 않을까 하는 생각 때문이었다. 나도 처음에 콘텐츠를 소화할 때, 소화하는 방법 자체를 몰라서 막막했었다. 5년 동안의 경험을 통해 내가 찾은 가장 효율적인 콘텐츠 소화 방법에 대해 솔직하게 적어보고자 한다.

또 하나 말씀드리고 싶은 건, 이 장에서 다루는 인풋 소스는 세상의 모든 인풋 소스가 아닌 내가 좋아하는 유형의 인풋 소스인 '활자 콘텐츠'에 집중되어 있다는 것이다. 활자 콘텐츠는 짧은 시간에 많은 것을 얻을 수 있는 '저비용 고효율' 콘텐츠다. 유튜브도 좋아하고, 넷플릭스도 좋아하고, 왓챠도 좋아하지만 가장 많은 영감을 받는 소스는 '활자 콘텐츠'다. 그래서 책, 신문, 잡지, 인터뷰 등 활자 콘텐츠를 중점적으로 적었다.

예전에는 이런 생각을 하기도 했다. '세상의 모든 콘텐츠를 다 보고, 다 내 것으로 만들어야지!'라는 생각. 못 보고 지나치는 콘텐츠가 있으면 아쉬웠고, 북마크, 나중에 볼 영상, 메모 등을 통해 수많은 콘텐츠를 놓치지 않으려고 했다. 하지만 콘텐츠 강박은 심한 피로감을 만들었고, 아무리 노력해도 모든 것을 내 것으로 만들 순 없다는 사실을 깨닫게 됐다.

그래서 택한 건 내 핏fit에 맞는 인풋 소스를 만들고, 이를 꾸준히 습득하는 것이었다. 그래서 책, 신문, 잡지, 팟캐스트, 인터뷰, 다큐멘터리를 루틴화해서 꾸준히 습득했다. 여기에 나온 루틴이 독자 여러분께는 맞지 않을 수도 있다. 유튜브가 내게 맞다면 유튜브로 인풋 소스를 루틴화하면 되고, 오프라인 커뮤니티가 맞다면 오프라인 커뮤니티 활동을 루틴화하면 된다. 여기에 나온 루틴은 지극히 개인적이고 주관적인 것이며, 그렇게 가벼운 마음으로 읽어주시면 좋겠다. 콘텐츠를 만들기 위해 어떤 재료를 어떻게 섭취하고 있는지에 대해서 말이다.

최고의 인풋 소스

Think
Note

콘텐츠가 요리라면 인풋은 재료다.

평소 건강한 재료를 모아뒀다가
필요할 때마다 꺼내 요리를 만들어야
사람들이 찾아오는 건강한 콘텐츠가 될 것이다.

일상에서 다양한 인풋 소스를 즐기고 있다. 새로운 생각을 할
수 있도록 도와주는 콘텐츠를 스스로는 '인풋 소스'라 부르고
있다. 책, 잡지, 팟캐스트, 오디오북, 라디오, 넷플릭스, 왓챠,
TV 다큐 프로그램 등이 바로 그 인풋 소스들이다. 콘텐츠를
워낙 좋아하기도 하고, 모든 시간을 생산적으로 사용하고 싶

다는 이상한 집착 때문에 '도움이 되는 콘텐츠'를 계속 습득하려고 한다.

수많은 인풋 소스들 중에서 우열을 가리는 것은 정말 쉽지 않겠지만, 그럼에도 최종으로 딱 하나만 골라야 한다면, 아마 큰 고민 없이 이 콘텐츠를 고를 것 같다. 바로 '책'이다.

20대 초반, 호주에서 워킹 홀리데이 생활을 잠시 했었다. 점심에는 일식 레스토랑, 저녁에는 이탈리아 레스토랑에서 주방 일을 했다. 요리의 '요'자도 몰랐던 시절이라, 들어가서 설거지부터 시작했다. 그러다 운이 좋게도, 요리를 배울 수 있게 되었고 그러면서 요리의 재미를 처음으로 느꼈다. 이제 요리는 내가 가진 몇 안 되는 취미 중 하나다.

갑자기 요리 이야기를 꺼낸 이유는 '재료' 때문이다. 요리를 하다 보면 요리사의 실력이 가장 중요하겠지만, 재료가 좋아야 한다는 걸 요리하는 순간마다 느낀다. 며칠만 지나도 신선도가 떨어져 맛이 오묘하게 변하는 경우도 있고, 윤리적인 생산 과정을 거친 재료의 맛은 뭔가 다르구나 느껴지기도 하다. 같은 레시피라도 재료에 따라 맛이 확연히 달라진다는 것을 경험하면서, 좋은 요리를 위해서는 좋은 재료가 반드시 필요하다는 것을 느낀다.

결국, 생각을 만드는 것도 같지 않을까 한다. 생각을 하고 기록하는 '사람'도 중요하지만, 습득하는 '재료'가 좋아야 건강한 생각을 만들고 결국은 '찾아보는 콘텐츠'가 될 수 있다고 믿는다.

책은 생각을 위한 가장 탁월한 재료라고 할 수 있다. 이제부터 내가 책을 특별히 좋아하는 이유, 읽고 싶은 책을 보관하는 루틴, 책을 읽을 때 좋은 문장을 수집하고 공유하는 일에 관한, 주관적인 나의 콘텐츠 습득 경험을 풀어보고자 한다.

스토리와 정제된 콘텐츠로
생각을 깨우다

책에 담긴 폭넓은 인생의 이야기를 만나다 보면
나의 세계와 관점이 확장되는 체험을 하게 된다.

책에는 저자의 스토리가 담겨 있다. 회사 생활을 회고하며 정
리한 경영 원칙에 관한 책《초격차》에는 저자의 33년 직장 생
활이 고스란히 담겨 있다. 돈을 쓰면서 한편으로는 죄책감을
느끼기도 하지만, 가치 있는 소비가 기여한 삶에 대해 다룬 책
《돈지랄의 기쁨과 슬픔》에는 저자의 소비관과 취향이 담겨 있

고, 베스트셀러 작가가 되고 싶은 욕망을 숨기지 않은 책《팔리는 작가가 되겠어》에는 저자의 애환과 희망이 고스란히 담겨 있다.

이처럼 책에 담긴 다양한 스토리를 만나다 보면, 자연스럽게 내 삶의 기준으로만 생각할 수 있었던 부분이, 더 넓은 인생 스토리를 만나 생각해보는 계기가 된다. 내 눈으로만 볼 수 있던 평평한 세상을, 입체적으로 보게 되는 것이다. 평소라면 생각해보지 못했을 지점에 대해 생각하는 기회가 된다.

'나라면 어땠을까.'
'이런 상황에서는 이런 생각을 할 수 있겠구나.'
'상대방의 행동에 이런 감정을 느낄 수 있겠구나.'

하면서 하나씩 짚어보게 된다. 그렇기에 책을 읽는 건, 사실 여러 인생과 동행할 수 있는 소수의 방법 중 하나고, 그렇기에 그 어떤 인풋 소스보다 가장 고효율로 생각을 만들고 확장할 수 있는 인풋 소스라 할 수 있다. 더 다양한 인생에서 배우는 더 다양한 생각인 것이다.

또한 책은 필연적으로 정제된 콘텐츠일 수밖에 없다. 지금까지 감사하게도 두 권의 책(이 책까지 하면 세 권)을 세상에 내놓게 됐다. 그러면서 느낀 점은 책 한 권이 나오기까지 수많은 사람들의 고민과 노력이 들어간다는 것이다. 편집자는 책의 구성을, 디자이너는 책의 디자인을, 마케터는 책의 세일즈 포인트를, 제작자는 책의 완성도를 고민하느라 적지 않은 시간 동안 고생한다.

가치 있는 책을 만들기 위해, 독자가 원하는 책을 만들기 위해, 독자에게 도움이 되는 책을 만들기 위해, 제값 하는 책을 만들기 위해, 내놓아도 부끄럽지 않은 책을 만들기 위해, 오래 사랑받는 책을 만들기 위해 치열한 고민과 진통을 겪는다.

이 세상에 소중하지 않은 책은 없다. 조금 슬픈 현실은, 팔리는 책과 그렇지 못한 책으로 나뉜다는 것이지만, 모든 책은 그 나름의 존재 이유가 있다. 책은 또 다른 인생을 생각해볼 수 있는 방법이자, 고효율로 정보를 습득해 생각을 만들 수 있는 재료다. 작가의 스토리를 간접 경험하며 내 인생 밖에서 벌어진 또는 벌어지고 있는 이야기를 제공한다. 책은 그렇게 우리의 경험에 새로운 임팩트를 준다.

생각노트의 노션 활용법

Think
Note

읽고 싶은 책을 발견하면
가장 먼저 노션을 켠다.

생산성 앱을 이용하면
책의 내용을 잊어버리기 전에
틈틈히 마음에 드는 문구와 내용을 저장하고,
나중에 다시 엮을 수 있다.

읽고 싶은 책을 발견하면 마치 보물처럼 잘 보관하고 싶어진
다. 잃어버리고 싶지 않고 잘 기록해두고 싶다. 그래서, 오늘
무슨 책을 한 번 읽어볼까 싶어질 때, 예전에 적어뒀던 기록으
로 책을 고민 없이 고르고, 누군가에게 책을 선물하고 싶을 때
도 고민의 시간을 단축하고 싶다. 책 리스트를 한 눈에 보면서

내가 어떤 책을 좋아하는지 지형도를 보고 싶기도 하다.

개인마다 읽고 싶은 책을 기록하는 다양한 기록법이 있을 것이다. 생각해보면 나도 여러 기록법에 도전했다. 그러다가 안착해서 2년 넘게 애용하고 있는 방법은 바로 〈노션〉이라는 서비스를 이용하는 것이다.

〈노션〉에서는 다양한 기록이 가능하다. 포트폴리오, 독서 기록, 포토 갤러리, 블로그, 이벤트 페이지 등 다양한 템플릿으로 자신이 원하는 기록을 만들 수 있다. 또한 할 일 관리나 프로젝트 관리에도 탁월한 기능을 선보이며 많은 회사에서 협업 툴로 노션을 사용하고 있을 정도다.

읽고 싶은 책을 발견하면 가장 먼저 하는 일은 이 〈노션〉 앱을 켜는 것이다. 그런 뒤 '책 리스트' 페이지로 가서 책을 추가한다. 책 이름을 적고, 책 표지를 사진으로 찍어서 본문에 올려둔다. 또한 어디에선가 추천을 받아 책을 기록하게 됐다면 추천 내용도 함께 기록해둔다. 신문 문화 면에서 발견했다면, 문화면의 기사를 그대로 사진으로 찍어서 올리고 인스타그램에서 발견했다면 링크 주소를 기입해둔다. 나중에 왜 이 책을 기록해두었는지를 기억하기 위해서다.

이렇게 노션에 들어오게 되는 책은 주로 아래와 같은 경로를 통해서다.

- 서점에 가서 책 구경을 하다가 발견한 책.
- 인스타그램에서 팔로잉하고 있는 계정에서 추천해준 책.
- 페이스북에서 친구를 맺고 있는 지식인 계정에서 추천해준 책.
- 신문이나 매거진에서 추천해준 책.
- 리디셀렉트나 밀리의 서재에서 읽을 책.

이렇게 모은 책 리스트는 일주일에 한 번 정리하는 시간을 갖는다. 일주일간 모은 책을 다시 살펴보면서 부가 정보(인덱스)를 입력한다. '읽을 것', '읽는 중', '완독', '보류' 레이블을 붙인다. 다시 살펴봐도 보고 싶은 책이어야 '읽을 것' 태그가 붙을 수 있다. 그리고 가장 먼저 보고 싶은 책은 맨 위로 끌어올려 나름의 독서 우선순위를 정해놓는다. 그래서 '어떤 책을 읽을까?' 싶을 때 고민하느라 시간을 흘려보낼 필요가 없다. 이 리스트를 열어서, 위에서부터 차례대로 책을 읽으면 된다. 그 덕분에 읽을 책을 찾느라 피곤해지지 않아도 된다.

읽고 싶은 책을 '어떻게' 볼지에 대해서도 체크한다. 나는 현재 총 다섯 가지 방법으로 책을 소비하고 있다. 종이책, 전자책, 도서관 대여, 그리고 리디셀렉트와 밀리의 서재다.

한때는 종이책 물성을 너무 좋아해, 오로지 종이책으로만 책을 읽을 때도 있었다. 확실히 종이책을 읽으면 더 책다운 느낌이 있다. 하지만 반대급부로 집 안에 책이 점점 쌓이기 시작했다. 늘어난 종이책은 이곳이 책의 방인지, 나의 방인지 가늠하기 어렵게 만들었다. 이후 종이책을 크게 줄이고, 언제 어디서나 간편하게 읽을 수 있는 전자책에 입문했다.

아쉽게도 전자책이 없는 책도 있다. 이럴 때는 주로 도서관을 이용한다. 집 공간이 여유가 된다면, 내 서재를 만들고 싶다. 하지만 현실은, 새로운 책을 들이려면 기존 책을 밀어내야 하는 지경이다. 도서관을 이용할 수밖에 없는 이유다. 도서관 홈페이지에 간 뒤 책을 검색하고, 만약 대여가 가능한 책이라면 '도서관 비치' 태그를 붙여둔다.

최근에는 책을 읽는 두 가지 방법이 추가됐다. 전자책 멤버십 '리디셀렉트'와 '밀리의 서재'를 시작한 것이다. 책 한 권 값으로 원하는 책을 무제한으로 읽을 수 있다는 점이 마음에 들었다. 신간은 아쉽게도 많이 없지만, 놓쳤던 구간을 마음껏 읽을 수 있는 건 엄청난 장점이었다. 그래서 리디셀렉트와 밀리의 서재를 시작했고, 이후 이곳에서 읽을 수 있는 책인지 미리 체크해놓는 습관이 생겼다. 결론적으로는 아래와 같은 순서가 책을 어떻게 '수급'해서 볼지 결정하는 나의 루틴이다.

Step1. 전자책 버전이 있는지 먼저 살펴보기.

Step2. 전자책 버전이 있다면 리디셀렉트와 밀리의 서재에 있는지 살펴보기.

Step3. 두 곳 모두에서 없다면 전자책으로 구매하기.

Step4. 전자책 버전이 없다면 도서관 홈페이지에 가서 도서 검색해보기.

Step5. 도서관에 있다면 도서관을 이용하고, 도서관에 없다면 종이책을 구매해서 읽기.

'읽을 책'을 발견하고 기록하고 정리하는 과정을 거치면 '슬기로운 독서생활'이 가능해진다. 좋은 책을 발견했던 '순간의 시간'이 모여 '나중의 탐색'을 크게 줄여주는 효과가 있다. 또한, 새로운 생각을 얻고 싶을 때, 즉 '생각의 리프레시'가 필요할 때 가장 효과적인 인풋 소스를 보관하는 나만의 콘텐츠 창고가 되기도 한다. 이런 곳간이 있다는 것만으로도 다 가진 부자마냥 든든해질 때가 있다. 생각의 땅에 가뭄이 오지 않게 할 광활한 호수를 가진 느낌이다.

독서 인생템 하나를
꼽는다면

**Think
Note**

아직도 잊을 수 없다.
전자책 리더기를 처음 사용해봤을 때의 놀라움을.

그리고 시작되었다.
독서 생활을 가장 똑똑하게 만들어준
전자책 리더기와의 동거가.

지금까지 산 물건 중 가장 잘 샀다고 생각하는 '인생템'은 '전자
책 리더기'다. 2015년에 이 아이를 처음 만났으니, 어느덧 6년
이라는 시간을 함께하고 있다. 전자책 리더기 이후로도 여러
IT기기를 새롭게 들였지만, 아직까지 이 아이만큼의 소중함
을 따라 잡은 IT기기는 없다. 이 아이만큼 오랜 시간 함께하고

있는 IT기기도 없다.

나의 첫 전자책 리더기는 '크레마 카르타'였다. 아직도 이 아이의 첫인상이 강렬하다. 전원을 켠 뒤, 기대감을 가진 채 찬찬히 살펴볼 준비를 했다. 그런데 이게 무슨 일인가. 터치 반응이 너무 느렸고 이동할 때마다 화면에는 잔상이 남아 화면이 또렷해지는 데 시간이 걸렸다.

'아, 내가 걸렸구나, 불량품에 걸리고 말았구나.'

고객센터로 바로 전화했다. 그랬더니 그것이 지극히 '정상'적인 상태라고 했다. "이렇게 쓰는 것이 맞다고요?" 세 번 정도 재차 묻자 상담원의 상냥한 목소리는 점점 식어갔다. 그리고 똑같은 말 몇 번 하게 하냐는 지친 내색을 여과 없이 드러냈다. 그렇게 전화를 끊었다.

알고 보니 이는 전자잉크 때문이었다. 특성상 터치에 민감하게 반응할 수 없으며 화면에 잔상도 남는다고 했다. 스마트폰과 태블릿의 빠른 반응에 적응되어 있던 내게 크레마 카르타의 느린 반응에 적응하는 것은 약간의 시간이 걸렸다. 지금은 잘 적응해서 크레마를 사용할 때는 인내심을 갖고 차분히 반응을 기다리는 편이다.

아직도 전자책 리더기로 책을 읽고 있으면 신기하다는 생각을 자주 한다. 이 조그만 기기 하나만 있으면 수십, 수백 권의 책을 담아 읽을 수 있다는 것이 그저 신기하다. 게다가 전자 잉크는 실제 종이에 인쇄된 활자를 읽는 느낌을 준다. 반사되는 빛이 없어 눈의 피로도도 내 경험상 거의 없었다. 지금까지 전자책 리더기로 책을 읽으면서 눈이 아프다고 생각했던 적이 단한 번도 없었던 걸 보면 말이다.

전자책 리더기의 위대함은 어두울 때 빛을 발한다. 정말로 '빛'을 발한다. 화면을 밝게 만들어주는 백라이트 기능 덕분이다. 백라이트 기능을 켜면 화면에 불이 들어오고, 그래서 어두운 공간에서도 독서가 가능하다. 고향이 지방이라 명절 때는 늘버스나 기차로 이동하는데 이때 늘 동행하는 것이 전자책 리더기다. 늦은 밤, 이른 새벽에도 끄떡없이 독서가 가능하다.

비행기를 타고, 여행을 갈 때도 전자책 리더기 하나 간단하게들고 자리에 앉는 편이다. 내가 '리프레시'하는 유일한 방법이 여행이다. 몸과 마음이 지칠 때쯤 여행을 다녀오면 어느 정도 복구가 되어 또 어느 정도를 버틸 힘을 줬다. 비행기는 그런 여행의 시작과 끝을 담당하는데, 여행을 준비하는 설레임, 여행을 마치고 돌아오는 아쉬움 모두 전자책 리더기와 함께했다. 신기하게도 비행기 창가에 기대, 비행기 엔진 소리를 백색 소음 삼아 전자책을 읽으면 그렇게 잘 읽힐 수가 없었다.

전자책 리더기는 늘 내 백팩 안에 꼭 들어 있는 아이템이기도 하다. 나는 혹시 모를 상황에 대비해 이런저런 물건을 챙겨 다니는 편이다. 그래야 뭔가 마음이 놓인다. 이런 내게 다양한 수납 공간이 갖춰진 백팩은 참 효율적인 가방이다. 그리고 가방에는 늘 전자책 리더기가 있다. 지하철에서 잠깐 짬이 났을 때, 버스에서 읽을거리가 없을 때, 제휴사 미팅 전에 잠깐 시간이 떴을 때, 병원에서 진료 대기할 때, 카페에서 일하기 전 잠깐 워밍업을 할 때 늘 전자책 리더기를 꺼내서 책을 읽는다.

전자책 리더기를 가지고 다니게 되면서 매해 독서량이 늘어나고 있다. 게다가 종이책에 비해 상대적으로 책값이 저렴하고, 공공기관에서 운영하는 전자 도서관을 이용하면 일반 도서관을 이용하는 것처럼 책을 빌려서 읽을 수 있다. 또한 리디셀렉트나 밀리의 서재와 같은 전자책 멤버십 서비스를 이용하면 월 정액으로 수천, 수만 권의 전자책을 읽는 것도 가능하다.

그러면서 자연스럽게 '사적인 생각'이 많아지게 됐다. 인풋이 있으니 당연히 아웃풋이 있고, 앞에서 언급한 것처럼 최고의 인풋 소스인 책을 생활화하니 생각도 생활화할 수 있게 되었다. 그런 점에서 전자책 리더기는 내가 생각을 하고, 이를 콘텐츠로 만드는 데 있어서 가장 큰 일상의 조력자라 할 수 있다.

많은 분들이 독서에는 '의지'가 중요하다고 말씀하신다. 지극히 맞는 말씀이다. 하지만 전자책 리더기와 함께하며 나의 독서량이 점점 늘어나는 걸 봤을 때 '의지' 못지 않게 중요한 것이 내게 맞는 '독서 환경'을 만드는 것이 아닐까 싶다. 언제 어디서나 편하게 책을 볼 수 있는 소프트웨어(서비스), 눈 피로 없이 휴대하고 다니면서 수백 권의 책을 담을 수 있는 하드웨어, 이 둘이 만나 선사하는 최고의 독서 환경은 누구든지 더 많은 책을 읽게 할 것이다. 6년동안 수많은 IT기기를 구매했지만, 전자책 리더기를 단연코 생산성 1등으로 뽑는 이유이기도 하다.

IT 마케터의 신문 생활

Think
Note

하루 중 가장 행복한 시간은 아침 신문을 받아들 때다.
일어나서 현관 앞에 놓인 신문을 집어 들고
방안에 들어와 책상 위에 펼쳐 읽기 시작하면
마치 부자가 된 것 같은 느낌을 받는다.
갓 나온 풍부한 '읽을 거리'가 눈 앞에 있다는 것에
묘한 흥분감을 느끼기도 한다.
내 하루의 '소확행'은 분명히 신문이다.

신문을 구독한 지는 10년이 되어간다. 대학생 때부터 신문을 읽기 시작했는데, 그 계기는 '반값 할인'이었다. 어느 날, 캠퍼스에서 무료로 받은 경제 신문에서 광고 하나를 보게 됐다. 대학생이면 구독료 50% 할인 혜택을 대학 재학 기간 동안 제공해주는 프로모션이었다.

전공이 경영학과라 경제 뉴스만큼은 꼭 챙겨봐야겠다는 의무
감이 있었는데, 이런 프로모션을 만나니 혹하는 마음이 들었
다. 그리고 돈을 내면서 신문을 보면, 그 돈이 아까워서라도 경
제 뉴스를 챙겨볼 것 같았다. 그렇게 바로 신문을 구독했고 신
문과의 인연이 시작됐다.

매일 신문을 보는 건 새로운 경험이었다. 당시에도 책 읽는 것
은 좋아하는 편이었는데, 책과는 또 다른 재미의 읽기였다. 책
은 하나의 주제에 대해 깊이 알 수 있는 콘텐츠라면, 신문은 여
러 주제에 대해 얕게 알 수 있는 콘텐츠였다. 신문에는 책이 따
라오기 힘든 시의성이 있었다. 책이 채워주지 못한 콘텐츠 허
기를 신문이 긁어주는 셈이었다. 그때부터 내 인풋 소스에서
책과 신문의 시너지가 시작됐다.

집에서 뭐하는지 물을 때, 종이 신문을 읽는다 하면 많은 사람
이 놀란다. 점점 이런 반응이 많아지는 것을 보면서 종이 신문
의 쇠락을 몸소 체감한다. 우선 내 나이 또래에는 뉴스를 모바
일로 본다. 그래서 종이 신문을 본다고 하면 요즘 같은 때 누가
뉴스를 종이 신문으로 보냐고 신기하게 쳐다보기도 한다. 그
런 반응에 머쓱해진 나는, 오래 전부터 읽던 습관이라 바뀌지

않는다고 대답하며 눈길을 걷어달라고 표정으로 말한다.

또 다른 시선은 나의 업과 관련된 것이다. IT회사를 다니는 마케터이자 기획자가 종이 신문을 부스럭거리며 읽는 모습을 모순적으로 느끼는 반응도 있었다. 회사에서는 지하철역과 사옥 간의 셔틀버스를 운영하고 있는데, 그 안에서 신문을 접어가며 읽고 있으면, 직원들이 지나치며 한 번씩은 쳐다보고 간다.

모바일 뉴스와 종이 신문은 디지털과 아날로그 시대를 각각 대표하는 대명사가 되어버렸고, 그래서 디지털 시대에 아날로그를 끼고 사는 걸 보면 많은 사람이 신기해하는 세상이 됐다. 레트로가 유행이라고는 하지만 신문만큼은 그 행운을 비켜간 것 같기도 하다. 그럼에도 누군가 어디서 영감을 꾸준히 받고, 매일 실천하는 습관 중 하나를 추천해달라고 하면 책 읽기와 더불어 신문 읽기를 강력하게 추천한다. 그리고 오히려 시대가 디지털로 되고, 스마트폰에 친숙해질수록 아이러니하게도 신문과 더 친해져야 한다고 생각한다. 그 이유에 대해, 그리고 신문을 읽는 나의 습관에 대해 이야기해보고자 한다.

아날로그와 균형 맞추기

요즘 들어 개인적으로 제일 염려하는 건 '콘텐츠 편식'이다.
내가 좋아하는 것만 계속 보고 있는 것이 아닐까.

특히, 알고리즘 추천 기술이 나날이 발전하고,
나의 '기존 데이터'가 새로운 '내 데이터'에 큰 영향을 미치면서,
내가 원래 좋아하던 것에만 매몰되지 않을까
우려되고 있다.

사회과학자 막스 베버는 정치인의 자질로 세 가지를 꼽았다.
열정, 책임감, 그리고 '균형감'이다. 정치엔 대의에 대한 헌신
으로서의 열정, 결과에 대한 책임 있는 의식, 열정과 냉정함 사
이의 균형 감각이 필요하다는 것이다. 하지만 조금 더 생각해
보면 이 세 가지 자질은 꼭 정치인이 아니더라도, 현대인이라

면 갖춰야 하는 기본적인 자질로도 해석할 수 있다.

모든 것에는 '균형'이 반드시 필요하다. 토론에서도 찬성과 반대가 균형을 이뤄야 생산적인 토론이 가능하다. 자본주의에서도 수요와 공급이 균형을 이뤄야 수요자, 공급자 모두 지속 가능한 경제 활동이 가능하다. 또한 어느 정책이든지 장단이 반드시 존재하기 마련인데, 이 균형을 어떻게 잘 맞춰나가는지가 정책의 성공을 판가름한다.

콘텐츠도 예외는 아니라고 생각한다. 콘텐츠 역시 '균형 감각'이 꼭 필요하다. 어느 한쪽으로 치우치면 그쪽만 생각하게 되는 우물 안 개구리가 될 수 있다. 한 우물에서 그 안으로만 주야장천파는 사람이 된다. 그렇게 되면 깊숙히 들어가 서서히 주변의 빛이 사라지게 된다. 밖에서는 무슨 일이 일어나는지 알 수조차 없어진다. 심지어 너무 깊게 들어가면 밖으로 나오기도 힘들어진다. '내 취향'을 벗어나 다른 사람의 취향에는 관심을 가질 수도 없게 되는 것이다.

신문은 그런 점에서 콘텐츠 편식을 줄여주는 훌륭한 콘텐츠라 할 수 있다. 1면부터 가장 마지막 면까지 다양한 분야가 한 묶음으로 모여 있다. 정치, 사회, 문화, 스포츠, 경제, 칼럼 등 일반적으로 '뉴스'라 불리는 카테고리가 한 묶음으로 모여 있다. 그래서 첫면부터 끝면까지 훑어보면 관심이 덜한 분야라 할지라도 한 번쯤은 들여다보게 된다. 꼭 알아야 하는 다른 분야의 소식도 의무적으로 접할 수 있는 '환경'이 만들어진다.

한 번이라도 들여다보는 것과 아예 보지 않는 것은 큰 차이가 있다. 관심이 적어 정독까지는 하지 않더라도 기사의 표제와 부제만 보면 그 뉴스의 핵심은 알 수 있다. 예를 들면 난 스포츠에 관심이 별로 없지만, 리버풀의 클롭 감독이 리버풀을 어떻게 강팀으로 만들었는지에 대한 전반적인 맥락이나 골프 황제 타이거 우즈가 어떻게 화려하게 다시 부활했는지 정도는 신문을 봤기에 대략적으로나마 알고 있다.

그러면서 자연스레 관점이 풍성해진다. 클롭 감독의 사례를 만나게 되면서 '리더십'에 대해 다시 한 번 생각해보게 되고, 타이거 우즈의 부활 소식을 보면서 수차례 허리와 무릎 수술을 받아 2017년에는 '다시 걷기조차 어려울 수 있다'는 진단까지 받았던 그가, 2018년 투어 챔피언십에서 5년여 만에 정상에 올랐고 이듬해에는 마스터스까지 우승한 소식을 접하며 스포츠계 명언인 '끝날 때까지 끝난 게 아니다'라는 말이 현실에 있음을 느끼게 된다.

만약 모바일 뉴스로 봤다면 이런 관점이 생길 수 있었을까? 그렇지 않았을 것이다. 관심이 상대적으로 덜한 '스포츠'탭은 스스로 들어가보지도 않았을 것이며, 당연히 이런 뉴스를 접하지도 못했을 것이다. 신문 덕분에 알게 된 정보이고, 관점인 셈이다. 그래서 의도적으로 다른 분야의 최신 정보를 접할 수 있는 가장 좋은 방법은 '신문'이라고 생각한다.

신문은 최신성을 갖춘 '정제된 콘텐츠'이기도 하다. 내 콘텐츠 성향은 열 개의 스낵 콘텐츠보다 한 개의 정제된 콘텐츠를 선호하는 성향이다. 스낵 콘텐츠를 볼 때는 비록 재미는 있지만, 돌이켜보면 남는 것이 없어 아쉬울 때가 많았다. 이에 반해, 정제된 콘텐츠는 필자가 주제에 대해 생각해보고, 자료 조사를 풍부하게 한 뒤, 자신만의 관점으로 풀어내 정리한 콘텐츠라 할 수 있다. 게다가 저널리스트는 특정 분야에 전문성이 있는 필자다. 그런 필자가 어제 일어난 이슈를 '보기 좋게' 정리해주는 콘텐츠를 매일 아침 접할 수 있다는 건 꽤 괜찮은 콘텐츠 경험이 아닐까.

뉴스의 많은 부분이 온라인으로 넘어가며, 오프라인 신문 구독 모델은 점점 약해지는 것이 피할 수 없는 사실이다. 하지만 구독 서비스의 큰 메리트라 할 수 있는 '가성비' 측면에서 신문은 충분히 매력 있는 매체라고 생각한다. 월 20,000원을 신문 구독료로 지불하고 있는데 한 부로 따지면 약 800원 정도 하는 셈이다. 1,000원도 안 되는 돈으로 각 분야의 최신 뉴스를 누군가의 잘 정리된 콘텐츠로 경험하는 것인데, 전혀 아깝지 않은 투자다. 투자 대비 얻는 것이 정말 많은 그야말로 '가성비' 인풋 소스가 바로 신문이다.

생각노트 콘텐츠의 대부분은
신문에서 나왔다

그냥 보는 것보다,
나만의 방식으로 낙서를 하면
훨씬 많은 아이디어를 남길 수 있다.

신문 볼 때의 습관 하나가 있다. 바로 모나미 펜을 쥔 채 신문
에 낙서를 해가면서 읽는 것이다. 눈은 글자를 따라가지만 오
른손으로는 펜을 잡고 중요한 단어와 문장에 밑줄을 그으면서
읽는다. 몰랐던 새로운 내용이 나오면 동그라미를 치고 신문
의 여백에는 주요 키워드를 다시 적어본다. 그러면서 핵심 키

워드에 동그라미를 여러 번 치면서 그 키워드를 내 것으로 만드는 작업을 거친다. 그런 과정 속에 문득 어떤 생각이 떠오르게 되고, 그 생각을 키워드 옆에 마인드맵처럼 메모를 해본다.

신문은 여백이 많아서 좋다. 기사와 기사 사이의 공간도, 광고 공간도, 상단 모퉁이도 모두 메모가 가능한 여백이다. 신문을 읽다가 어떤 생각이 떠오르면 여백에 무작정 적어본다. 그리고 그 생각들에 선을 그어 마인드맵을 그린다. 그렇게 하면 각 잡고 메모하려 했을 때는 생각나지 않았던 것들이, 신기하게도 잘 떠오른다. 단어, 선, 동그라미와 네모, 그리고 문장을 적어가며 날것의 생각을 활자로 끄집어내본다.

예를 들면 이렇다. 코로나19로 인해, 사람들이 집 밖으로 나오지 않으면서 온라인 쇼핑 주문 건수가 폭발적으로 늘었다는 기사를 코로나 시국 초기에 읽었다. 이 기사를 보면 가장 먼저 '코로나'와 '온라인'이라는 단어에 동그라미를 친다. 그러면서 이 두 동그라미에서 선을 그어 신문 여백에 'IT'라는 단어를 적었다. 코로나가 IT산업에 미치는 영향에 대해 생각해본다. 배달 음식 주문 건수도 많이 늘겠다 하는 생각에 '배달업체 성장'이라는 문구를 여백에 적고, 오프라인의 실시간을 온라인으로 송출하는 전하는 라이브 콘텐츠가 많아지게 되지 않을까 라는 생각에 '유튜브 라이브'를 적어본다.

또한, 이번 코로나를 계기로 원격 진료를 위한 사회적 논의가 시작되지 않을까 하는 생각에 '원격 진료 시작'이라는 단어를 적었고, 집을 나오지 않으니 넷플릭스나 왓챠 같은 OTT를 경험하는 사람이 늘어나게 되지 않을까 하는 생각에 '넷플릭스 성장'과 '넷플릭스 주식 매수'를 적었다. 그렇게 코로나19 기사를 통해 IT에 미칠 영향에 대해 나름대로 정리해보는 시간을 가졌고, 이 생각을 글로 풀어내면 하나의 콘텐츠가 될 수 있는 것이다. '코로나가 바꿀 IT 트렌드' 같은 콘텐츠로 말이다.

이처럼 신문을 볼 때 책과 달리 '지저분하게' 보는 편이다. 신문은 다 읽은 뒤 그대로 버릴 확률이 높다. 일회성 콘텐츠 성격이 강하니, 한 번 볼 때 효과적으로 봐야 한다. 처음에는 어색해도, 조금 시간이 지나고보면 신문을 보면서 잡은 그 펜이 생각을 낳는 '마법펜'이라는 것을 새삼 느낄 수 있을 것이다. 생각노트 콘텐츠의 대부분도 바로 그 마법펜에서 나왔다.

신문으로 배우는
실전 글쓰기

Think
Note

이번에 하고 싶은 이야기는
신문과 글쓰기에 관한 내용이다.

기사를 읽는 건, 좋은 글쓰기를 배우는 과정이기도 하다. 한정된 지면에서 말하고 싶은 메시지를 사실, 인용, 그리고 기자의 관점으로 풀어쓴 것이 기사다. 그래서 기사를 보면 설득력을 가진 글의 조건을 알 수 있다. 어떤 글이 잘 쓴 글인지, 나의 생각을 콘텐츠로 만들기 위해 어떻게 표면화해야 하는지를 배울 수 있는 '학습 교재'이기도 하다. 신문 기사 한 편을 읽고난 뒤, 보통 이렇게 리뷰를 해본다.

1. 핵심 메시지가 무엇인지 한 줄로 정리한다.
2. 각 문단이 어떤 역할을 하는지 살펴본다(팩트 문단, 인용 문단, 관점 문단 등등).
3. 각 문단의 핵심 문장에 밑줄을 긋는다.
4. 각 문단의 핵심 문장을 이어서 하나의 글을 만들어본다.
5. 표제와 부제를 보면서 핵심 메시지와 흐름을 어떻게 요약하는지 배운다.

기사를 다 읽은 뒤, 천장을 처다보며 이 기사의 핵심 메시지는 무엇인지 한 단어 또는 한 줄로 정의해본다. 이 메시지가 명확하면 기사를 다시 읽으며 이 메시지 전달을 위해 어떻게 단어와 문장을 쌓았는지 살펴본다. 명쾌하게 메시지가 정리됐다는 건, 기사 안의 단어와 문장이 단단하게 쌓여 있다는 것을 의미하기 때문이다. 그래서 역으로 글을 분해하면서, 글쓰기를 공부한다.

글은 문단별로 쪼깨고 각 문단은 글에서 어떤 '역할'을 담당하는지 적는다. 팩트를 강조하는 문단이면 '팩트 문단'이라고 적고, 다른 전문가의 의견이 주를 이루는 문단은 '인용 문단'이라고 적는다. 그리고 기자의 관점이 도드라지는 문장에는 '관점 문단'이라고 칭한다. 기사 하나가 어떤 역할의 문단으로 구성되었는지 '구조화'를 해보며 단단한 글의 구성을 살펴보게 된다.

각 문단의 핵심 문장에 밑줄 긋는 것도 잊지 않는 과업이다. 그런 뒤, 각 문단의 핵심 문장을 차례로 이어본다. 핵심 문장만을 이어도 하나의 글이 된다면 그 기사는 좋은 기사다. 글의 많은 부분을 드러내도 전달하는 메시지에는 변함이 없는 기사. 살은 다 드러내도 뼈대만큼은 탄탄한 기사. 촘촘하게 논리를 쌓아올린 기사. 좋은 기사는 그런 기사였다.

종이 신문을 보면 표제와 부제가 뚜렷하게 보이는 것도 장점이라 할 수 있다. 이를 보면서 글을 '요약'하는 법을 기른다. 표제와 부제는 글의 핵심 중에서도 핵심이라 할 수 있다. 이것만 보고도 기사의 흐름이 이해되어야 한다. 그래서 표제인 헤드라인이 핵심 메시지인 경우가 많고, 그 아래 적힌 부제가 본문의 흐름을 요약한 문장인 경우가 많다.

이 스킬이 중요한 이유는 내 콘텐츠를 매력적으로 알리는 데 큰 도움이 되기 때문이다. 종이 신문 기사의 표제와 부제는 독자가 이 기사를 읽고 가도록 하는 '후킹(마케팅에서 사용하는 은어로 사람의 마음을 사로잡는 강력한 것을 의미한다)' 요소라 할 수 있는데, 이 부분을 주목해서 보면 내 콘텐츠의 후킹 요소를 만드는 실력을 기를 수 있다. 그래서 다음 기사로 넘어가기 전, 내가 기자라면 이 기사의 표제와 부제를 어떻게 뽑을 수 있을지 나만의 방식으로 상상해보기도 한다.

여전히 나의 글쓰기 실력은 많이 부족하다. 그럼에도 신문으로 어떻게 글쓰기 공부를 하고 있는지 적어보는 건, 개인적으로 어제보다 나은 오늘의 글쓰기를 위해 어떤 노력을 기울이고 있는지 조심스럽게 말씀드려보기 위함이다.

결국, 생각은 내 것으로 '정리'를 해야 단단해질 수 있다고 믿는다. 정리에는 글만 한 것이 없고, 좋은 기사는 글로 어떻게 정리할 수 있는지 보여준다. 나만의 논리로 누군가를 설득하는 작업에 조금이나마 도움을 주는 것이다. 그래서 신문은 내게, 좋은 글쓰기를 가르쳐주는 학습서라 할 수 있다.

기획 아이디어를 떠올리는
잡지 읽기

Think
Note

잡지를 보면서 기획 아이디어를 떠올린다.
잡지의 모든 콘텐츠가 기획에 도움을 줄 수 있다.

잡지에서 아이디어를 얻어
콘텐츠를 떠올린 사례는 수없이 많다.

요즘 새로운 취미가 생겼다. 바로 '리디셀렉트'로 잡지를 보는 것이다. '리디셀렉트'는 리디북스가 운영하는 전자책 멤버십 서비스다. 이를 이용하는 여러 이유가 있지만 그중 하나는 잡지를 읽을 수 있다는 점이다. 〈에스콰이어〉〈코스모폴리탄〉〈월간 디자인〉〈어라운드〉 등 다양한 분야의 최신 잡지를 손쉽게 만날 수 있다. 이 때문에 리디셀렉트를 선택했고, 지금까지도 서비스를 이용하고 있다.

서점을 가면 가장 많이 머무르는 공간은 잡지 섹션이다. 나온 지 얼마 되지 않은, 어떻게 보면 서점의 모든 섹션을 통틀어 가장 높은 최신성을 가지고 있으면서, 그래서 불행하게도 가장 짧은 생명력을 갖는 잡지들을 들춰보면서, 가벼운 트렌드부터 진중한 인터뷰 기사까지 살펴본다.

잡지는 기획자로 일하고 콘텐츠 기획을 좋아하는 내가 기획을 공부하게 하는 소스이기도 하다. 잡지는 여러 에디터의 기획 콘텐츠를 한 권으로 엮은 출판물이다. 잡지를 구성하는 모든 콘텐츠가 기획에 의해 만들어졌기에, 기획자에게 잡지는 훌륭한 기획 레퍼런스북이라 할 수 있다.

그래서 잡지에서 새로운 기획 아이디어를 떠올릴 때가 많다. 예를 들면 이렇다. 한 잡지에서 'On the Desk'라는 코너 타이틀을 만났다. 여러 인물이 자신의 책상 위에 올려놓은 물건을 하나씩 소개하는 코너다. 누군가의 책상, 가방, 지갑 속 아이템이 궁금한 대중을 혹하게 할 만한 기획 코너였다.

'On the Desk'라는 코너 타이틀을 보자마자 한 가지 아이디어가 떠올랐다. 바로 '문구 유튜브 채널명'이다. 나는 문구 덕후다. 참새가 방앗간을 그냥 지나치지 못하듯, 나는 문구점을 그냥 지나치지 못한다. 문구점이 보이면 이성적으로 판단하기전에 이미 가게 안으로 들어가고 있다. 게다가 문구는 상대적으로 저렴한 가격으로 '득템'의 기쁨을 느낄 수 있게 해주는재화다. 그 덕분에 이곳 저곳에서 하나 둘씩 모은 문구가 서랍안에서 넘실대고 있다.

내가 좋아하는 문구를 모아 소개하는 채널로 '온 더 데스크'라는 이름을 붙여보면 어떨까 하는 생각이 잡지의 한 코너를 보고 문득 들었다. 회사에서의 마케팅 기획이나 사이드 프로젝트의 콘텐츠 기획 아이디어를 이렇게 잡지에서 '줍줍'하는 경우가 많다.

이처럼 잡지는 트렌드 정보를 주는 것을 넘어 '기획력'을 키울수 있는 소재다. 잡지의 표지를 펼치는 순간부터 이번 달에는 어떤 새로운 기획 콘텐츠를 만날까, 내게 어떤 기획 아이디어를 떠올리게 할까 설렌다. 다음 달 잡지를 손꼽아 기다리고 있는 이유다.

좋은 질문을 던지는 방법을
배우려면

**Think
Note**

인터뷰에 담긴 '날것의 생각'이 좋고,
가끔은 내가 하고 있는 고민의 답을 찾는
'단서'가 숨어 있기도 하다.

잡지 표지에는 모델이 있는 경우가 많다. 그리고 대개는 그 모
델과의 인터뷰가 잡지에 실린다. 잡지의 핵심 콘텐츠라 할 수
있는 '커버 스토리Cover Story'다.

잡지에서 다양한 섹션을 골고루 보지만, 아무래도 인터뷰 코

너에서 가장 오래 머무른다. 대부분 지금 주목 받는 사람을 표지 모델로 세우기 마련인데 그 사람의 코멘트에서 새로운 영감을 받을 수 있다. 그래서 인터뷰 콘텐츠를 차분하게 정독하며 내가 미처 생각 못 했던 다른 사람의 생각과 관점을 건져 올린다.

인터뷰를 좋아하는 이유는 누군가의 '생각'이 반영된 질문에, 마주 앉은 누군가가 자신의 생각을 답한다는 것이다. 질문을 던지는 사람은 답변을 하는 사람의 속 깊은 이야기를 끌어내기 위해 만반의 준비를 했을 것이다. 답변자의 포트폴리오에 집중하기도 하고, 과거의 인터뷰를 찾아보며 마주 앉은 사람에게서 유의미한 답변을 얻기 위한 과정을 거쳤을 것이다. 그런 과정에서 자연스럽게 답변자에 관한 호기심과 궁금증이 생겼을 것이다. 업을 대하는 태도나 소신일 수도 있고, 다소 사적인 인간적 면모일 수도 있다. 그것을 질문자는 잘 가다듬은 '질문'으로 만든다.

답변자는 질문자의 '생각'을 자신의 '생각'으로 받아친다. 생각을 던지고 생각으로 되갚는 과정이 이어진다. 이렇게 서로의 생각이 앙상블을 이루는 콘텐츠를 어떻게 안 좋아할 수 있을까.

잡지의 가치에 대해 의문을 가지는 사람도 있다. 생명력이 짧다는 점, 지속 가능성이 약한 매체라는 점, 이미 트렌드 정보는 인터넷을 통해 쉽게 알 수 있는 점을 언급하며 잡지의 필요성에 물음표를 던지기도 한다.

하지만 역으로 생각해봤을 때, 짧은 생명력이 오히려 잡지만이 가지는 경쟁력이자 가치일 수 있다. 과월호와 신간호가 바톤 터치를 해가면서 일정 주기로 꾸준히 이어지는 것을 보면, 그것 또한 지속 가능성이라 할 수 있다. 그리고 전문 에디터가 정제해서 제공하는 트렌드는 잡지가 독보적이지 않을까 싶다. 그리고 모든 매체가 그렇지만, 결국은 소비자가 그 매체를 어떻게 받아들이고 활용하는지에 따라 그 매체의 가치는 충분히 달라질 수 있다고 생각한다.

그 동안 잡지를 가볍게 훑어보고 넘어갔던 분이라면, 조금은 더 들여다보고 파헤쳐보시는 건 어떨까. 콘텐츠 기획의 '단서'를 찾는 것, 이 분야의 최신 트렌드를 찾는 것, 셀럽의 건강한 생각을 찾는 것 모두 잡지에서 얻을 수 있는 것들이다. 이런 적극적인 수용은 가볍게 훑고 넘어갔던 매체를, 트렌드를 기반으로 영감을 주는 인풋 소스가 되게 할 것이다. 내가 매번 잡지를 볼 때 얻는 영감처럼 말이다.

가만히 앉아 있어도
이야기를 들려주는 출근길 메이트

손발이 바빠도 무언가를 들을 수 있다.

큰 피로감 없이 틈틈이 내게
인풋 소스를 전달해주는
오디오 콘텐츠의 장점이다.

팟캐스트와 친해진 건 불과 몇 년 전이다. 사실 팟캐스트가 무
엇인지만 알고 있었지, 팟캐스트를 적극적으로 들어봐야겠다
는 생각은 없었다. 활자를 즐기는 내게, 듣는 것보다는 읽는 것
이 익숙했고, 그래서 왜 콘텐츠를 굳이 '들어야' 하는지에 대한
합당한 이유를 찾지 못했다.

그러다 출퇴근길에 듣는 콘텐츠의 장점을 깨닫게 됐다. 집에서 회사까지는 약 1시간 30분 정도 걸리는데, 왕복으로 하면 3시간을 '길 위'에서 보내는 것이었다. 이 정도 시간이면 과장 조금 보태서 KTX 타고 고향 집에 가는 시간이랑 맞먹는다. 길 위에서 날리는 시간이 아까웠고, 출퇴근 시간을 보다 '생산적'으로 보내고 싶어졌다.

그래서 다양한 습관에 도전했다. 지하철에서 종이 신문도 읽고, 책도 읽었다. 사람이 많이 붐빌 때는 힘들기도 했지만 그래도 해볼 만했다. 출근 전 뇌를 깨우는 데에도 효과적인 방법이었다. 회사 책상에 앉으면 바로 일에 집중할 수 있었고, 그 날의 주요 뉴스를 미리 알고 간 덕분에 동료와의 대화도 잘 풀렸다.

하지만 문제는 퇴근이었다. 업무 시간 내내 모니터와 눈싸움을 한 탓인지, 퇴근 무렵의 눈은 침침하기 그지 없었다. 눈이 쉽게 피로해지는 체질 탓이기도 했다. 그럼에도 회사에서 집까지, 그러니까 1시간 30분 가까이 되는 퇴근 시간을 흘려버리기에는 아까웠다. 새로운 정보를 얻거나, 배우는 것을 좋아하는 나로서는 눈이 피로해서 생산적인 것을 하지 못하는 게 아쉬웠다.

그래서 그때부터 관심을 가진 콘텐츠가 바로 '팟캐스트'다. 걷거나 뛰면서도 콘텐츠 소비가 가능했고, 어둠 속에서도 전혀 문제 없었다. 움직임이 격렬한 운동을 하면서도 즐길 수 있었고, 청소, 빨래, 방 정리와 같은 집안일을 하면서도 동행할 수 있었다. '보는 것'으로부터 해방감을 느끼게 해주며, 손발이 자유롭지 않을 때 즐길 수 있는 콘텐츠이기도 하다.

팟캐스트를 통해서는 크게 두 가지 부류의 콘텐츠를 즐겨 들으면서 인풋을 습득한다. 하나는 요약형 콘텐츠고 다른 하나는 인터뷰 콘텐츠다.

요약형 콘텐츠는 정보를 요약하고 압축해서 전해주는 콘텐츠다. 라디오식 토크가 아닌 필요한 정보만 '엑기스'로 뽑아 간결하게 알려주는 콘텐츠. 팟캐스트를 처음 알고 '구독'했던 채널도 바로 이런 류의 콘텐츠였다.

내가 처음으로 꾸준히 들은 건 〈이동우의 10분 독서〉라는 팟캐스트였다. 이 팟캐스트는 10분 내외에 한 권의 경제경영서를 소개해주는 프로그램이다. 이 팟캐스트를 처음 듣던 때가 아직도 선명하다. 밤늦게 고향으로 내려가던 버스 안이었다.

전자책 리더기로 책을 보기 시작하다가 백라이트 빛이 주변 승객에게 폐가 되겠다는 생각이 들어서 다른 할 것을 찾기 시작했다. 무엇을 보는 건 눈이 침침해서 힘들 것 같았고, 그렇다고 음악을 듣기에는 플레이리스트가 지겨웠다. 그때 들어간 앱이 〈오디오클립〉이라는 앱이었고, 그곳에서 이 프로그램을 발견했다.

한 권의 경영경제서에서 그야말로 '핵심 내용'만을 알차게 소개했으며, 거기에 진행자의 관점까지 더해져 풍부한 생각과 관점을 선사했다. 사실 경제경영서는 지금 뜨는 트렌드나 기업, 브랜드에 대해 설명하거나, 업에 대한 비즈니스 인사이트를 얻을 수 있는 카테고리다. 그래서 '영감'과 '인사이트'를 좋아하는 내가 가장 선호하는 책 카테고리이기도 하다. 다만, 가볍게 읽기에는 쉽지 않아 경제경영서 독서에는 늘 오랜 시간이 걸렸다. 욕심으로는 이 책 저 책 다 읽고 싶은데, 그러지 못하는 것이 늘 아쉬웠다.

이런 책들을 10분 요약으로 만날 수 있는 것은 색다른 경험이었다. 집에 내려가는 동안 열 권 내외의 책을 단숨에 알게 됐고, 집에 도착해 버스에서 내릴 때는 마치 열 권의 책을 읽은

듯 생각이 풍성해졌다. 그 이후로 압축되고 정리된 형태의 팟캐스트 콘텐츠를 탐색해서 듣기 시작했다. 지금도 구독해서 듣고 있는 팟캐스트 채널 대부분은 다이제스트형 콘텐츠다. 눈은 잠시 쉰 채, 콘텐츠를 또 다른 눈으로 들을 수 있는 콘텐츠가 팟캐스트다.

[팟캐스트 리스트]

- **<이진우의 손에 잡히는 경제>**: 매일 꼭 알아야 할 경제 이슈를 알기 쉽게 짚어준다. 청취자 입장에서 '진짜' 궁금한 것들을 잘 다뤄주는 경제 팟캐스트다.

- **<노준영의 트렌드로 요즘 세상 읽기>**: 트렌드를 설명하고 해석해주는 팟캐스트. 마케팅, 브랜드, 트렌드에 관심있는 분들에게 유용하다.

- **<이임복의 IT 트렌드를 읽다>**: 매일 10분 내외의 IT 뉴스를 소개하고 해석해주는 팟캐스트. IT 업계 소식이 궁금하다면 추천한다.

- **<책읽아웃>**: 책덕후라면 모르는 사람이 없는 팟캐스트. 좋은 책, 좋은 작가를 얻어갈 수 있다.

- **<왓플릭스>**: 방송국에서 일하는 사람들이 추천하는 영화, 드라마. 내가 본 작품을 전문가들이 어떻게 봤는지 듣는 맛이 있다.

- **<Masters of Scale with Reid Hoffman>**: 링크드인 창업자 리드 호프만이 진행하는 인터뷰 형식의 토크쇼. 페이스북의 마크 저커버그, 구글의 에릭 슈미트, 넷플릭스의 리드 헤이스팅스 등 저명 인사가 출연한다. 글로벌 명사들의 놀라운 영감과 인사이트를 접할 수 있다.

- **<디자인 FM>**: 현업에서 일하는 여성 디자이너들의 이야기. 디자인 필드에 대한 이야기를 생생하게 들을 수 있다.

- **<이슈, 스타트업 털어주마>**: 스타트업 소식을 빠르게 들려주는

팟캐스트. 새로운 서비스를 득템하기도 하고, 현재의 창업 트렌드를 배우기도 한다.

- **<김다영의 똑똑한 여행 트렌드>**: 여행 산업의 변화와 새로운 여행 트렌드를 배울 수 있는 팟캐스트다.

인터뷰 콘텐츠에서 받은 영감들

Think
Note

보기와 듣기에는 묘한 차이가 있다.
인물의 목소리에서 진정성과 뉘앙스를 느끼고
정확한 맥락을 파악할 수 있다.

앞에서 밝혔듯, 인터뷰 콘텐츠를 좋아한다. 그래서 팟캐스트를 들을 때도 인터뷰 콘텐츠를 검색해서 듣는 습관이 있다. 여러가지 좋은 콘텐츠가 있지만 오랜 기간 꾸준히 듣는 인터뷰 콘텐츠는 바로 〈듣다보면 똑똑해지는 라이프〉(이하 듣똑라)라는 팟캐스트 프로그램이다.

〈듣똑라〉는 중앙일보 기자들이 모여 '밀레니얼을 위한 시사 친구' 콘셉트로 운영하고 있는 팟캐스트다. 여러 분야에서 돋보이는 게스트를 초대해 인터뷰를 진행한다. 만나보고 싶지만 쉽게 만날 수 없었던 분들을, 놀라운 섭외력으로 모셔온다. 《아무튼, 떡볶이》의 저자 요조, 범죄심리학 이수정 교수, 《일의 기쁨과 슬픔》 장류진 작가, 유튜브 '박막례 할머니 Korea Grandma' 채널의 김유라 PD, 시사 뉴스레터 '뉴닉'의 공동 창업자 김소연, 빈다은 COO가 대표적이다.

진행하는 기자들이 게스트의 팬인 경우가 많아서 그런지, 좋은 질문들이 많이 등장한다. 그리고 좋은 질문은 당연하게도 '좋은 답변'을 끌어낸다. 보통 이렇게 나온 답변에서 무언가의 힌트를 얻어 나만의 생각을 만드는 것을 시도해보곤 한다.

언젠가 〈듣똑라〉에서 젊은 혁신가를 위한 콘텐츠 커뮤니티 서비스인 '북저널리즘'의 김하나 CCO를 초청해서 인터뷰를 한 적이 있었다. 좋아하는 서비스이기도 하고, 콘텐츠에 대한 관점을 배울 수 있지 않을까 싶어서 재생 버튼을 눌렀던 기억이 난다. 인터뷰를 재밌게 듣다가, 이 문장에서 잠시 재생을 멈추고 생각에 잠겼다.

"앞으로는 글이나 콘텐츠를 직접 생산하는 저자가 아니라, 미디어를 기획하고 펴내는 사람이 저자로서 크레딧을 가질 수 있다고 생각해요."

저자의 역할에 대한 새로운 정의였다. 공감되면서, 책을 쓰는 저자는 앞으로 어떤 사람이 되어야 하는지에 대해 생각해보게 됐다. 그리고 인터뷰 문장과 함께 나의 생각을 인스타그램에 올렸다.

> "팟캐스트 <듣똑라>에서 북저널리즘 김하나 CCO님이 말씀하신 '미디어 저자' 개념. 모두가 창작자인 시대에 전통적인 '저자'가 살아남을 수 있는 방법. 결국 변해야 한다." (2019년 8월 25일)

이처럼 좋은 인터뷰는, 새로운 자극과 생각 거리를 던져준다.

한번은 《82년생 김지영》 편집자로 잘 알려진 민음사 박혜진 편집자님을 초청해서 인터뷰를 진행한 적도 있었다. 여기서도 좋은 말들을 건졌다. 출판사의 새로운 역할, 편집자라는 업의 변화, 시대 정신을 읽는 것의 중요함, 문제의식을 가지는 것의 소중함 등을 생각해보는 계기가 됐다. 산책을 하면서 이 인 터뷰를 들었는데, 영감을 주는 말이 많아서 이를 모두 기록해 두고자 벤치에 한참을 앉아서 스마트폰에 메모했던 기억이 난 다. 이전에 해보지 못한 새로운 생각을 해본 경험이었다. 그리 고 편집자가 되어서 사회에 기여하는 출판물을 만들어보면 어 떨까 잠시 상상을 해보기도 했다.

오디오 콘텐츠를 소비하는 방식도 다양해지고 있다. 유튜브 멤 버십 '유튜브 프리미엄'을 이용해 이젠 유튜브 콘텐츠를 팟캐 스트처럼 듣는 사람도 늘어나고 있다. 유튜브 프리미엄을 이용 하면, 광고 없이 콘텐츠를 즐길 수 있을 뿐만 아니라, 백그라운 드 재생이 가능해 영상을 음악처럼 들을 수 있기 때문이다.

유튜브에서 오디오로 즐기는 콘텐츠도 내 성격을 고스란히 따 라간다. '들어서 남는 콘텐츠' 부류가 많다. 사소한 궁금증을 해결해주는 '사물궁이 잡학지식', 전시 정보뿐만 아니라 다양 한 문화 예술을 친절하게 알려주는 '널 위한 문화예술', 돈과 관련한 게스트를 초청해 자본주의 매뉴얼을 다뤄보는 '신사임 당', 스타트업씬을 주목하는 'EO' 콘텐츠 등이 대표적이다. 이 채널들의 콘텐츠는 보는 것이 제일 좋겠지만 듣기만 해서도 이해하는 데는 무리가 없다. 그리고 점점 유튜브에서는 영상과 오디오의 구분이 사라지게 될 것 같다는 생각도 해본다.

앞으로도 '듣는 생활'을 살아갈 것 같다. 지금은 누구나 미디어가 될 수 있는 시대가 됐다. 그 결과 라디오와 팟캐스트가 공존하게 됐고, TV프로그램과 유튜브가 공존하게 됐다. 콘텐츠 접근성과 다양성은 더 풍부해졌고, 작은 취향이더라도 '프로그램'이 될 수 있는 시대가 됐다. 그렇기에 내 취향을 저격하는 콘텐츠를 발견할 수 있는 확률도 더불어 높아졌다고 생각한다. 특히 새롭게 떠오르고 있는 '듣는' 콘텐츠에서는 더욱 그럴 확률이 크다.

한 번에 한 가지만 하기에는 우리 모두 바쁜 일상을 보내고 있다. 보는 것에 지쳤을 때, 두 손이 자유롭지 못할 때, 반복적인 일을 해야 할 때 듣는 콘텐츠는 빛을 발휘한다. 새로운 정보와 지식, 그리고 누군가의 경험담과 인생을 전달해줄 것이다. 그리고 결국 이런 것들이 더 많은 생각을 낳는다. 플레이 버튼을 누를 때마다 오늘은 또 어떤 생각을 건지게 될까 기대하게 되는 것도 바로 그런 이유다.

생동감 있는 사람 이야기

Think
Note

다큐멘터리는 가장 생동감 있는 사람 이야기를 보여준다.

보기 전까지는 전혀 알 수 없었던 새로운 삶을 만나면
세상을 바라보는 해상도가 높아지는 것을 느낀다.
그렇게 선명하게 접한 세상은 새로운 소재의 원천이다.

집에는 IPTV가 설치되어 있다. 내가 이용하는 IPTV 요금제
는 방영된 지 2주가 지난 회차는 무료 시청이 가능하다. 매달
착실하게 내는 요금의 본전이라도 뽑자는 생각에 리모콘 버튼
을 누른다. 그리고 채널을 오르락내리락하며 볼 게 없다 싶을
때면, 다시 보기 코너로 넘어간다.

내가 보는 프로그램은 정해져 있다. 〈다큐멘터리 3일〉이 1순위, 그 다음 2순위는 〈인간극장〉, 그 다음은 〈SBS 스페셜〉〈극한직업〉 순이다. 예능 카테고리보다는 시사교양 카테고리를 더 선호하고, 그중에서도 다큐멘터리를 가장 즐겨본다.

TV를 '바보상자'라고 말하며 멀리할 것을 강요하지만 꼭 그렇지도 않다는 것이 내 생각이다. 취사 선택을 잘하고 스스로 자제할 줄만 안다면 '바보상자'는 얼마든지 '지식상자'가 될 수도 있다. 오히려 해보지 못한 경험을 TV로 간접 경험 해보는 것이 가능하다. 한순간에 제주도의 청년 농부가 되어볼 수도 있고, 한순간에 테마파크에서 일하는 청년이 되어보기도 하며, 한순간에 코로나19로 고생하는 의료진이 되어볼 수도 있다.

특히 다큐멘터리는 실제 현장에서 활동하는 분들의 '목소리'를 들을 수 있다는 점이 큰 매력인 것 같다. 그들의 목소리와 표정을 통해 삶의 이면을 들여다볼 수 있다. 그들의 목소리 속에서 뇌리에 꽂히는 문구가 있다.

또한 다큐멘터리는 내가 인지하고 있던 세계 너머의 새로운 삶을 알려준다. 나의 가장 큰 걱정은 무엇을 모르는지 모르는 것이다. 내가 알고 있는 세계 너머에 어떤 직업, 삶의 가치가 있을까 궁금하다. 그래서 다큐멘터리를 보면서 내가 인지하는 세계를 넓히기 위해 노력한다.

초고층 빌딩 시설관리팀의 다큐멘터리를 보면서 피뢰침 점검, 승강기 관리, 조명 교환, 유리 청소 등 초고층 빌딩이 안전하게 유지되기 위해 땀 흘리는 수 많은 분들의 일을 '새롭게' 알게 된다.

건설 현장의 타워크레인 설치반의 다큐멘터리를 보면서는, 공사장의 저 높은 타워크레인이 어떻게 설치되고 어떻게 해체되는지 궁금했던 평소의 호기심을 해결하기도 한다.

홈쇼핑을 만드는 사람들의 이야기를 보면서는, 홈쇼핑 무대 뒤편에서 각자의 역할에 충실하고 있는 사람들의 이야기를 들으며, 보이지 않는 곳에서 자신의 일을 묵묵히 일하는 분들에 대한 존경심을 길러본다. 이렇게 다큐멘터리를 통해, 내가 몰랐던 새로운 세계를 경험하고 있다.

앞에 소개한 책, 잡지, 신문 등도 비슷하지만 나는 웃으면서 즐기는 엔터테인먼트 콘텐츠보다는 생각할 거리를 던져주고, 보고 나면 뭔가 하나라도 남는 콘텐츠를 좋아하는 편이다. 혹시나 도움이 될까 해서 지금까지 재밌게 봤던 다큐멘터리 리스트를 다음 페이지에 정리했다.

글을 쓰는 지금은 월요일을 앞둔 일요일 저녁이다. 오늘도 다큐멘터리 한 편을 보면서 주말을 마무리하려 한다. 지금 보려고 하는 다큐멘터리는 유튜브에 업로드된 〈인간극장 레전드〉 시리즈다. 살아가는 이야기와 인생의 희노애락은, 수십 년이 지나도 크게 달라지지 않았음을 느낀다. 오늘도 또다른 인생을 배우고, 나만의 생각을 얻어본다.

[다큐멘터리 리스트]

넷플릭스

- **<앱스트랙트>**: 다양한 분야에서 활동하는 디자이너들의 일상과 디자인의 세계를 보여주는 다큐멘터리.
- **<팔로우 어스>**: 버즈 피드 기자들의 기획과 취재력을 볼 수 있는 다큐멘터리.
- **<미니멀리즘>**: 비우는 사람들의 이야기. 비움의 미학을 보여주는 다큐멘터리.
- **<인사이드 빌게이츠>**: 빌게이츠의 하루는 어떤지, 어떤 생각을 하는지, 영감을 준 사람들은 누군지, 그의 새로운 목표는 무엇인지를 볼 수 있는 다큐멘터리.
- **<소셜 딜레마>**: 소셜 미디어에 집착하는 이유에 대해 파헤친 다큐멘터리. 기술이 라이프를 어떻게 지배할 수 있는지 알 수 있다.
- **<드림 빅>**: 세상을 바꾼 엔지니어링 기술과 구조물에 대한 다큐멘터리. 꿈을 현실화한 엔지니어를 만날 수 있다.
- **<던 월>**: 악명 높은 절벽 요세미티에 도전한 두 등산가 이야기. 등반을 위한 준비과정, 등반을 하면서 겪은 고난과 감동 스토리를 담은 다큐멘터리.
- **<스피드 큐브의 천재들>**: 스피드 큐브에 도전하는 두 천재, 맥스와 팰릭스의 여정에 관한 다큐멘터리. 빛나는 도전 정신과 둘의 우정이 빛나는 다큐멘터리.

- **<FYRE 꿈의 축제에서 악몽의 사기극으로>**: 지상 최고의 음악 축제를 꿈꾼 파이어 페스티벌. 기발하고 화려한 홍보로 사람들을 끌어들였지만 해변의 빌라, 근사한 파티 모두 거짓. 우리가 얼마나 쉽게 마케팅에 현혹되는지를 잘 보여주는 다큐멘터리.
- **<숀 멘데스 스토리>**: 글로벌 슈퍼스타 숀 멘데스의 글로벌 투어 이야기. 그의 성장과정을 통해 그가 어떻게 꿈을 이루기 위해 노력했는지를 볼 수 있는 다큐멘터리.

유튜브
- **<Jay Park Chosen1>**: 자기 자신을 '플랫폼'으로 정의하는 아티스트 박재범의 '기획자적 태도'를 볼 수 있는 다큐멘터리.
- **<BTS(Burn The Stage)>**: 글로벌 아티스트가 된 BTS. 그들은 스스로 자신을 어떻게 정의하는지, 그리고 '팀워크'를 어떻게 유지하는지 배울 수 있는 다큐멘터리.

당신의 생각 쓰임을 응원하는
생각노트의 방법

《아주 작은 습관의 힘》이라는 책을 쓴 제임스 클리어는 습관이 정체성이라고 말했다. 나의 지금 습관이 현재 나의 정체성이고, 익히고 싶은 습관이 내가 꿈꾸는 정체성이라는 말이다. 그래서 그는 정체성으로 습관을 정의하라고 권유했다. 예를 들면, 목표는 '책 읽기'보다 '독서가가 되기'가 좋고, '마라톤하기' 대신 '달리기를 하는 사람이 되기'가 바람직하며, '악기를 배우기'가 아니라 '음악을 하는 사람이 되기'여야 한다. 습관을 통해 어떤 정체성을 가질지 생각해보라는 의미였다.

생각의 쓰임을 톡톡히 누리며 5년을 지냈다. 회사에서 일하는 시간 외에는 나만의 생각을 하기 위해 애썼다. 생각을 넓게 확장하고 깊게 길어 올리기 위해 읽고, 듣고, 느끼고 배워왔다. 그렇게 얻은 생각을 기록하고, 글로 써서 공유하는 삶으로 진짜 '나'를 만나기 위해서였다. 이런 나의 행동과 습관들이 나의 정체성이었는지도 모르겠다.

대단한 성과를 거둔 것도 아닌 나로서는 이 책을 쓰자고 결정내리기도, 그리고 실제로 글을 써 내려가기도 쉽지 않았다. 그럼에도 불구하고 책을 출간한 것은 한 가지 작은 바람 때문이었다. 이 책을 계기로 생각하고 기록하고 콘텐츠로 만들어 다른 사람에게 나누는 재미를 조금이라도 느끼는 독자가 생기길 바랐다. 그래서 내가 생각노트로서 진짜 나를 찾았던 것처럼 다른 누군가도 그럴 수 있다면, 이 책은 나름의 가치를 충분히 다 한것이 아닐까 하는 생각이다.

5년이라는 시간이 지났지만, 여전히 내 생각을 콘텐츠로 만드는 일이 재밌다. 나만의 해석으로 논리를 만들어, 다른 사람에게 선보이는 일이 짜릿하다. 단순한 기록을 어떻게 콘텐츠로 만들 수 있을지 기획하고 고민하는 과정이 흥미롭다. 오늘도 좋은 생각을 얻어간다는 한마디 말에 큰 성취감을 느낀다. 생각노트라는 새로운 자아로 생각을 쓰고 있는 삶에 크게 만족하고 있다.

내가 느낀 모든 감정과 만족감을, 또 다른 누군가가 느끼고, 그 덕분에 사적인 개인의 생각이 콘텐츠가 되어, 많은 사람에게 영감을 줄 수 있는 흐름이 생기면 좋겠다. 그 바람 하나로 1년이 넘는 시간 동안 원고를 쓰고 다듬고 살펴보고 다시 수정했다.

이제 독자 여러분의 차례다. 나의 핏에 맞는 인풋 소스를 쌓아 생각을 만들고, 이를 잘 기록하고, 기록에 오리지널리티를 가미해 콘텐츠로 만들어보자. 당신의 사적인 생각을 원하는 독자는 분명히 있다. 트위터 계정을 만들어서 시작해봐도 좋고, 인스타그램 부계정을 만들어서 시작해봐도 좋다. 시작했다면 시작했다는 것만으로도 중요한 첫걸음을 한 것이며, 이 습관은 당신에게 새로운 정체성을 부여할 것이다. '기록하는 사람', '생각하는 사람', '창작하는 사람', '기획하는 사람'으로서의 정체성을 말이다.

독서를 실천으로 끝맺기 위해, 한 가지 재미있는 이벤트를 해보고자 한다. 이 책을 읽고 인스타그램에 생각 계정, 기록 계정, 영감 계정을 만들었다면, 해시태그 '#생각의쓰임'과 함께 콘텐츠를 올린 뒤 생각노트 계정(@think_note_)을 태그해주시면 좋겠다. 그럼, 발견하는 선에서 최대한 생각노트 인스타그램 스토리를 통해 독자 여러분의 계정을 소개해드리겠다. 물론 이미 운영하고 있던 계정도 마찬가지이다. 이 이벤트는 독자 여러분의 '생각 쓰임' 시작을 응원하는 생각노트의 작은 진정성이다. 시작이 외롭지 않도록 옆에 있고 싶다. 많은 분과 함께 생각을 잘 쓰는 삶을 살아가고 싶다.

책을 마치려 하니, 책을 처음 시작했을 때가 새록새록 떠오른다. 편집자님과 처음 만나 이런 대화를 나눴었다. 혹시 '생각노트'를 궁금해하는 사람이 있다면, 이 책 한 권으로 궁금증이 해결될 수 있는 그런 책을 만들어보자고 말이다. 그래서 처음에는 욕심도 많이 부려서 방대한 책이 될 뻔했다. 하지만, 양이 많다고 무조건 좋은 것이 아니라는 것을 배웠다. 그래서 나의 이야기 중에서도 누군가에게 도움이 될 수 있는 경험과 진짜 내가 하고 싶은 메시지만 책에 남겼다.

그래서 부족한 부분도 있었을 것이다. '생각법', '기록법', '나만의 브랜드 만들기', '1인 브랜드' 같은 강의에서 만나볼 수 있는 A to Z는 이 책에 없다. 고민을 안 한 것은 아니었으나, 이 책에는 보다 '나의 진짜 이야기'가 담기길 원했다. 그래서 내가 했던 것처럼, '누구든지' 할 수 있다는 것을 보여주고 싶었다. 어려운 일이 아니고, 이런 생각이 있고, 이런 의지만 있다면 당신도 지금 바로 시작할 수 있다는 것을 말해주고 싶었다. 실제 회사를 다니면서 나만의 콘텐츠를 기획하고 만든, 일반인의 '생각 활용기'를 들려주고 싶었다.

이 책을 내놓기까지 고마운 분이 참 많다. 도저히 책을 못 쓰겠다며 몇 번이나 포기하려 했을 때도 늘 차분하게 마음을 다시 단단하게 만들어주셨던 방호준 편집자님께 깊은 감사 말씀을 드린다. 또 지금까지 책을 내면서 한 번도 부모님께 감사하다는 내용을 적지 못했다. 부모님은 자식 걱정에, 책을 그만 쓰셨으면 하신다. 회사 생활도 힘든데, 책까지 쓰느라 퇴근과 주말에 못 쉬는 자식이 안쓰러우신가보다. 그럼에도, 새 책을 드리면 그 누구보다도 기뻐하는 당신이다. 이번에도 그래 주셨으면 좋겠고, 이번에는 책에 당신이 언급된 걸 보며 더 기뻐해주셨으면 좋겠다.

그리고 나머지 모든 감사함은 이 책과 함께 해주신 독자 여러

분께 돌리고 싶다. 생각하고, 기록하고, 콘텐츠로 나누면서 내 스스로가 단단해지고 건강해지고 성장했던 것처럼, 독자 여러분도 이 책을 시작으로 그런 경험을 만날 수 있기를 바란다. 그리고 그러길 늘 진심으로 기도 드리겠다.

2021.03.

따뜻한 봄날의 시작에

생각노트 드림.

끝.

지금까지 생각을 콘텐츠로 만들어왔던 생각노트 5년의 기록에 함께해주셔서 감사합니다. 앞으로도 계속 생각하고, 기록하고, 콘텐츠로 나누는 삶을 살고자 합니다. 그 여정에서 여러분들의 생각을 만날 수 있다면 더할 나위 없이 좋겠습니다. 긴 글 읽어주셔서 진심으로 감사드립니다.